Collection folio junior

dirigée par
Jean-Olivier Héron
et Pierre Marchand

Oliver Johnson

La Malédiction du Pharaon

Dragon d'Or/4

Traduit de l'anglais
par Laura Pitch

Illustrations de Mark Dunn

Gallimard

Titre original :
Curse of the Pharaoh

Comment combattre les créatures de la Pyramide

Vous êtes un aventurier qui a sillonné une grande partie du monde connu. Votre insatiable besoin d'accepter les missions les plus risquées, de relever d'impossibles défis, votre goût pour le combat, vous ont amené à affronter les créatures les plus monstrueuses, des sorciers et des magiciens aux pouvoirs diaboliques, et bien d'autres adversaires étranges et terrifiants. Et toujours, vous êtes sorti vainqueur des combats que vous avez dû mener contre eux. Ces années d'aventures ont développé vos réflexes, votre habileté et votre force à un point tel que peu d'hommes seraient capables de vous résister en combat singulier. Et une fois encore, vous allez être amené à risquer votre vie, là où bien d'autres intrépides aventuriers ont échoué avant vous. Allez-vous vous montrer digne du surnom que vous ont fait mériter tous les exploits que vous avez accomplis ? Car voilà bien longtemps que nul ne connaît plus votre véritable nom, mais que tous tremblent devant le Dragon d'Or !

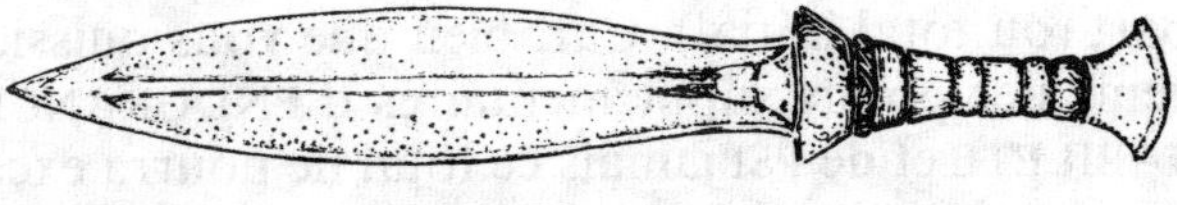

Endurance, Habileté et Psi

Avant d'entreprendre la nouvelle aventure qui vous attend, il vous faut tout d'abord déterminer vos forces et vos faiblesses. Deux dés, un crayon, une gomme et une feuille de papier, sont tout ce dont vous allez avoir besoin pour cela. En pages 12 et 13, vous trouverez une Feuille d'Aventure sur laquelle vous pourrez inscrire tous les détails d'une partie. Nous vous conseillons de faire des photocopies de ces deux pages, afin de pouvoir les utiliser lorsque vous jouerez à nouveau.

Lancez deux dés. Ajoutez 20 au chiffre obtenu, et inscrivez le total dans la case ENDURANCE de votre Feuille d'Aventure.

Lancez ensuite un dé. Ajoutez 3 au chiffre obtenu, et inscrivez le total dans la case HABILETE de votre Feuille d'Aventure.

Lancez à nouveau un dé. Ajoutez 3 au chiffre obtenu, et inscrivez le total dans la case PSI de votre Feuille d'Aventure.

Pour des raisons qui vous seront expliquées plus loin, les points d'ENDURANCE, d'HABILETE et de PSI changent constamment au cours de l'aventure. Vous devrez garder un compte exact de ces points, et nous vous conseillons, à cet effet, d'écrire vos chiffres très petit dans les cases, et d'avoir votre gomme à portée de la main. Mais n'effacez jamais vos points de départ (ou total initial). Car, bien que vous puissiez obtenir des points supplémentaires d'ENDURANCE, d'HABILETE et de PSI jamais ce total ne pourra excéder vos points de départ, sauf en de très rares occasions qui vous seraient alors signalées à un paragraphe particulier.

Vos points d'ENDURANCE traduisent votre force, votre volonté de survivre, votre détermination, et votre forme physique et morale en général. Plus vos points d'ENDURANCE sont élevés, plus vous serez capable de survivre longtemps. Si, par malheur, votre total d'ENDURANCE devient égal à zéro, vous êtes mort, et il ne vous restera plus qu'à recommencer l'aventure à son point de départ.

Vos points d'HABILETE reflètent votre agilité. Et il vous faudra beaucoup d'habileté pour escalader des murs, franchir d'un bond puits ou abîmes, ou passer inaperçu auprès d'un trop grand nombre d'ennemis.

Avec vos points de PSI, vous saurez si vous pourrez résister aux sortilèges qui vous seront jetés, si vous êtes réceptif aux communications psychiques et, d'une façon générale, si vous avez suffisamment de volonté pour faire face à des situations devant lesquelles vous pourriez perdre votre sang-froid.

Combats

Il vous sera souvent demandé, au long des pages de ce livre, de combattre des créatures de toutes sortes. Parfois, vous aurez la possibilité de Fuir. Sinon, ou si vous décidez, de toute façon, de faire face à un adversaire, le combat se déroulera comme suit. Tout d'abord, vous inscrivez les points d'ENDURANCE de la créature dans une case vide des Rencontres avec un Monstre, sur votre Feuille d'Aventure. Les

La Feuille d'Aventure

HABILETÉ	ENDURANCE	PSI
Total de départ =	*Total de départ =*	*Total de départ =*

ÉQUIPEMENT TRANSPORTÉ

OR

BIJOUX

POTIONS

ÉTAT DE VOS PROVISIONS

CASES DES RENCONTRES AVEC UN MONSTRE

Endurance =	*Endurance =*	*Endurance =*
Endurance =	*Endurance =*	*Endurance =*
Endurance =	*Endurance =*	*Endurance =*
Endurance =	*Endurance =*	*Endurance =*

points d'ENDURANCE correspondant à chaque créature sont donnés dans le livre, chaque fois que vous faites une rencontre. Le combat se déroule alors ainsi :

1. Jetez les deux dés, et comparez le chiffre obtenu avec les chiffres figurant sur le tableau que vous trouverez dans chaque paragraphe où vous devrez livrer combat.

2. Diminuez le total d'ENDURANCE de votre adversaire, ou le vôtre, du nombre de points qui sera alors précisé.

3. Commencez le deuxième assaut en reprenant à l'étape 1. Et poursuivez ainsi jusqu'à ce que vos points d'ENDURANCE, ou ceux de la créature que vous combattez, aient été réduits à zéro (mort).

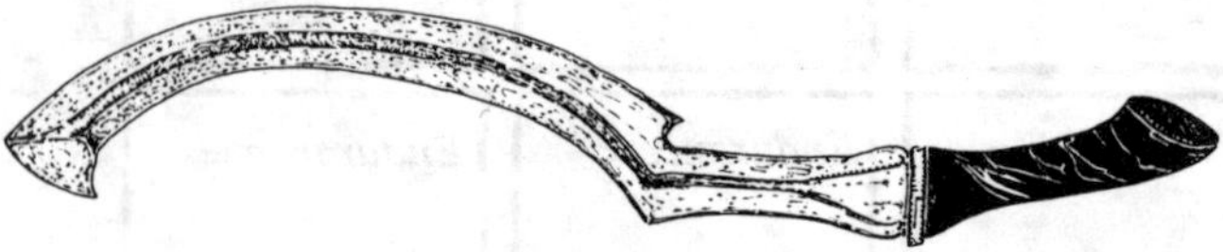

Fuite

A certaines pages, vous aurez la possibilité de Fuir un combat, s'il vous semble devoir mal se terminer pour vous. Si cette possibilité vous est donnée, et si vous en décidez ainsi, votre adversaire tentera de vous frapper dans le dos, au moment où vous ferez demi-tour. Jetez alors deux dés pour savoir si vous êtes blessé. Si le résultat obtenu est supérieur à votre total d'HABILETE, vous recevez un coup dans le dos, et vous perdez 3 points d'ENDURANCE. Mais si ce résultat est égal ou inférieur à votre total d'HABILETE, vous réussissez à Fuir sans dommage.

Equipement

Au début de l'aventure, vous ne disposez que d'un équipement minimum. Vous êtes armé d'un poignard et d'une épée magique qui vous éclairera dans l'obscurité... De plus, vous êtes revêtu d'une armure, et vous disposez d'une gourde d'eau fraîche, et d'un Sac à Dos qui vous servira à transporter les trésors ou les objets que vous trouverez tout au long de votre chemin. Inscrivez au fur et à mesure toutes vos trouvailles dans la case Equipement de votre Feuille d'Aventure. Lors de certaines rencontres, vous aurez à utiliser tel ou tel de ces objets qui se révéleront peut-être indispensables, utiles, ou dont les effets pourront être néfastes... selon les indications qui vous seront données.

Indications sur le jeu

Vous voici presque prêt à vous lancer dans l'aventure. Mais attention : si vous lisez les pages qui vont suivre comme les pages d'un livre habituel, l'histoire n'aura aucun sens. Suivez bien toutes les indications qui vous seront données, et vous découvrirez rapidement que cette histoire évoluera suivant les choix que VOUS déciderez. Un chemin mène jusqu'à la chambre funéraire de Kar-Thot le Magnifique. Dressez un plan au fur et à mesure que vous progresserez : ainsi, si vous échouez à votre première tentative, vous pourrez vous guider plus facilement, éviter les pièges qui vous seront tendus, vous emparer d'objets utiles ou ignorer ceux qui ne vous auront pas porté chance.

A la recherche de Gabbad...

La chaleur est telle que les gouttes de sueur s'évaporent aussitôt, à peine apparues sur votre front. Et l'éclat du soleil est si intense, que le sable du désert, tout autour de vous, est d'un blanc de craie. A l'horizon, les silhouettes des nomades et de leurs chameaux semblent flotter dans un univers liquide. Au loin, sur votre gauche, vous apercevez les minarets et les tours d'une ville qui se découpent dans le ciel bleu sans nuages. Ses palmeraies, ainsi que les terrasses des bâtiments que vous devinez, plus que vous ne les voyez, rendent votre soif encore plus intense. Encore quelques heures, et vous pourrez vous désaltérer, vous reposer. En attendant, vous courbez la tête sous les coups redoublés du soleil, tressaillant à chaque fois que votre épée, presque chauffée à blanc, rebondit sur votre cuisse. Vous avez parcouru plus de trois cents kilomètres dans ce désert hostile du pays de Khem, en vous joignant aux caravanes des nomades et à celles des marchands. Caché dans votre ceinture, se trouve toujours la petite Tablette en granite, gravée d'étranges hiéroglyphes. Ou plus exactement, la moitié d'une Tablette car, en l'examinant attentivement, vous avez remarqué que l'un de ses bords présentait des traces de brisure évidentes. Bien qu'il vous ait été impossible de déchiffrer les hiéroglyphes, vous avez quand même reconnu le cartouche royal du pharaon Kar-Thot, surnommé « le Magnifique » à cause des immenses conquêtes accomplies au cours de son règne, et de la splendeur de sa cour. Voilà des millénaires que Kar-Thot le Magnifique est mort. Il a été enseveli dans un tombeau qui a été si bien recouvert par les sables du désert, que personne, depuis tout ce temps, n'a été capable de le retrouver.

Une fois de plus, vous vous assurez que la Tablette est toujours bien là, dans votre ceinture. Car vous avez la certitude qu'elle est la clef qui vous permettra de triompher là où tous ont échoué. L'homme qui vous l'a vendue vous a révélé qu'elle avait été découverte non loin de la cité d'Arksor. Il vous a révélé, également, le nom de celui à qui il l'a lui-même achetée — un certain Gabbad — marchand d'antiquités. Bien des légendes tournent autour de ce tombeau fabuleux qui doit renfermer d'incroyables trésors. Mais ce ne sont, pour l'instant, que légendes. Car aucun des aventuriers qui, comme vous, se sont lancés dans l'aventure, n'est jamais revenu pour en certifier l'exactitude. Pourtant vous êtes gagné par une sourde inquiétude en pensant à la Malédiction du Pharaon : ne raconte-t-on pas, en effet que, s'il est possible d'échapper aux dangers de la tombe, il est impossible de sortir vivant de la chambre funéraire ?

Enfin, après des heures d'une marche harassante, pendant lesquelles vous avez souvent cru que les remparts de la ville s'éloignaient, plutôt que vous ne vous en rapprochiez, vous finissez par atteindre, dans l'épuisement le plus total, les portes colossales de la cité. Et c'est à bout de forces que vous les franchissez.

Aussitôt, le contraste vous fait tourner la tête. Car au silence et à la solitude du désert succèdent maintenant les hurlements de la foule des enfants qui vous entourent, des mendiants qui vous attrapent par la manche pour vous demander quelques pièces de monnaie, ou vous proposer de vous conduire dans la meilleure auberge, des revendeurs de fausses antiquités qui, le sourire en coin, sortent furtivement de leurs vêtements de mauvaises copies de statuettes ou de bijoux datant — selon eux — de l'époque pharaonique. Vous vous dégagez tant bien que mal et, vous frayant un passage au milieu de tout ce remue-ménage, vous vous dirigez vers une auberge à l'aspect peu accueillant, appuyée contre le mur d'enceinte de la cité. Soudain, la foule qui vous suivait s'arrête, recule dans de sourds murmures. Une voix, seule, s'en élève : « N'entrez pas, Seigneur ! Cette auberge est maudite ! Il y en a bien d'autres, dans la cité ! » Mais sans prêter la moindre attention à leur effroi manifeste, et à l'avertissement qui vient de vous êtres donné, vous poussez la porte du « Serpent Lové », impatient de vous remettre de votre pénible voyage et, surtout, d'étancher votre soif...

Peu à peu, vos yeux s'accoutument à la pénombre de l'endroit. Vous vous trouvez dans la salle principale de l'auberge, dont le sol de terre battue supporte des tables et des bancs faits de bois grossier. Des essaims de mouches sont agglutinés sur les cruches de terre, et sur des croûtons de pain rassis oubliés çà et là sur les tables et les étagères. Un vieil homme surgit de derrière le comptoir, une lueur rusée brillant dans les yeux. Vous lui commandez un repas et un grand pichet d'eau fraîche avant de vous installer à l'une des tables. Non loin de vous est assis le seul client de l'auberge. Il se tient dans le coin le plus sombre de la

salle, et est entièrement dissimulé par le large manteau blanc des nomades du désert.
L'aubergiste vous apporte bientôt votre repas, et vous en profitez pour lui demander s'il sait où se trouve la boutique de Gabbad, le marchand d'antiquités. Votre question semble le plonger dans la plus profonde réflexion, car vous le voyez passer la main dans ses rares cheveux en levant les yeux vers le plafond, puis arracher un poil d'une des nombreuses verrues qui parsèment son visage avec une grande application, enfin faire quelques grimaces significatives, avant de marmoner :
— La boutique de Gabbad... ah, oui... ah, non, je ne me souviens pas. Vous savez, la mémoire d'un vieil homme comme moi n'est plus ce qu'elle était...
Inutile de vous faire un dessin : vous avez compris. Dans votre bourse, vous prenez une Pièce d'Or que vous lancez sur la table. Avant même qu'elle n'ait pu rebondir une deuxième fois, le vieil homme s'en ai saisi, et l'a prestement cachée dans ses vêtements.
— Ah, oui ! Maintenant, je m'en souviens très bien. La boutique de Gabbad se trouve tout près de l'une des entrées du bazar. Mais si vous désirez vous y rendre à cette heure, ne perdez pas de temps, car la nuit ne va pas tarder à tomber, et il ne fait pas bon, pour un étranger, s'aventurer en ce lieu dans l'obscurité.
Vous le remerciez et, après avoir payé votre repas, vous quittez l'auberge. Devant vous, vous apercevez la silhouette vêtue de blanc du client de l'auberge. Intrigué, vous le suivez des yeux, et vous le voyez bientôt franchir les hautes portes de la cité. En haussant les épaules, vous reprenez votre chemin et, vous mêlant à la foule grouillante qui se bouscule dans les ruelles d'Arksor, vous arrivez rapidement au bazar.
Et maintenant, tournez la page...

1 *Un cracheur de feu termine son numéro, soufflant de longues flammes aussi incandescentes que le ciel.*

1

Il est tard, lorsque vous pénétrez dans le vaste marché. Si tard, que les rares marchands qui s'y trouvent encore sont occupés à fermer leur échoppe, alors que les derniers clients se pressent vers les différentes sorties. Sans trop savoir que faire, vous vous arrêtez en plein milieu de la place. Inutile de poser la moindre question aux marchands encore présents. Il est trop évident qu'ils ont tellement hâte de rentrer chez eux, qu'ils ne vous écouteront pas. Le soleil couchant à transformé le bleu du ciel en un rouge écarlate, et les seuls bruits qui vous parviennent maintenant sont les cris d'une bande d'enfants en haillons qui vient de déboucher dans un coin de la place, et les croassements des corneilles qui se sont rassemblées sous les toits. Un peu plus loin, un cracheur de feu termine son numéro, soufflant de longues flammes aussi incandescentes que le ciel vers lequel il lève la tête. Les quelques spectateurs qui l'entourent encore le regardent, les yeux ronds d'étonnement. Dans un autre coin de la place, vous remarquez un groupe d'hommes à l'allure peu rassurante, à en juger par la taille de la dague passée dans leur ceinture. Ils sont nonchalamment appuyés contre l'un des murs d'un petit baraquement au-dessus duquel une enseigne dans un triste état porte une inscription à pcinc lisiblc : « Jcux ct paris ». Enfin, vous faisant face, se trouve une taverne d'où s'échappent maintenant les rythmes entraînants de tambours et de flûtes, ponctués de cris et d'applaudissements.

En jetant un dernier coup d'œil autour de vous, vous remarquez une échoppe encore ouverte. Vous vous en approchez, et vous distinguez, assis en tailleur dans l'obscurité, un homme coiffé d'un turban occupé à tirer de longues bouffées de fumée d'un narguilé qui est posé derrière lui. Contrairement aux autres marchands, il ne semble pas pressé de partir, bien qu'à présent la nuit soit complètement tombée. Devant lui est étalé un tapis, sur lequel est posé un invraisemblable bric à brac. Rendez-vous au **65**.

2

Vous avalez une bonne gorgée d'eau, ce qui vous redonne aussitôt des forces, et vous fait gagner 2 points d'ENDURANCE. Rendez-vous au **294**.

3

Perdant l'équilibre, vous tombez en arrière, et vous atterrissez lourdement sur le pavé de la ruelle. Vous perdez par la même occasion 3 points d'ENDURANCE, et 1 point d'HABILETE. Si, après cette chute, vous êtes toujours vivant, vous pouvez tenter à nouveau d'escalader le mur. Vous avez toujours le choix de le faire chargé de tout votre équipement. Rendez-vous dans ce cas au **67**. Mais si vous pensez qu'il est plus sage de tenter l'aventure en étant le moins encombré possible, vous pouvez dissimuler tout ce que vous possédez dans un coin obscur. Rendez-vous alors au **24**.

4

Vous vous installez tous deux sur le vieux Tapis qui s'élève aussitôt dans les airs. Alors que vous survolez la gorge, vous apercevez deux Panthères à l'air particulièrement féroce et affamé, qui y rôdent à la recherche d'une proie quelconque. Et, en frissonnant, vous vous félicitez d'avoir acheté ce Tapis au bazar d'Arksor. Cependant, votre satisfaction est de courte durée. Car vous venez de vous rendre compte que la superficie de votre Tapis diminue à une vitesse alarmante : très certainement un fil s'est

accroché à un rocher au moment où vous êtes parti, car le Tapis s'effiloche rapidement. Par chance, vous franchissez la gorge et lorsque vous regagnez le sol, il ne reste plus du Tapis qu'un tout petit carré de laine sur lequel vous vous serrez contre Gabbad. Enfin, vous êtes sain et sauf !
Vous vous trouvez maintenant à l'extrémité d'une large allée bordée de sphinx. Tout au bout de cette allée s'élève une pyramide de petite taille et, lui faisant face sur sa gauche, vous remarquez une construction basse. Au-delà, une énorme dune de sable rompt la plate monotonie du désert. Le Tapis a maintenant perdu son pouvoir magique. Aussi vous pouvez le rayer de votre Feuille d'Aventure. Rendez-vous au **56**.

5

Le monstre se dégonfle comme un ballon, et se fond dans le sable. Vous prenez alors le vieil homme par le bras, et vous le ramenez vers la gorge que vous allez devoir maintenant traverser. Et assurément, vous avez la certitude que cela ne sera pas une partie de plaisir ! Rendez-vous au **36**.

6

Le Sphinx vous répond que midi est l'heure la plus favorable pour pénétrer dans la tombe. Si vous désirez poser une autre question, donnez une Pièce d'Or au Sphinx, et revenez au **280**. Sinon, rendez-vous au **275**.

7

Le Sphinx vous révèle que le vieil homme est, en réalité, le fantôme d'un prêtre — mort depuis longtemps — dévôt du démon Boos. Il ajoute que chaque année, il entraîne un étranger dans la pyramide de Kar-Thot le Magnifique, où il le sacrifie. Il semblerait donc que vous ayez été choisi pour le sacrifice de l'année en cours ! Si vous souhaitez poser une autre question au Sphinx, donnez-lui une Pièce d'Or, et rendez-vous au **280**. Mais si vous pensez que vous en savez assez, rendez-vous au **275**.

8

Deux décharges d'énergie jaillissent, coup sur coup, de votre Bâton Magique, frappant de plein fouet la créature. Des vapeurs noires et nauséabondes s'échappent des terribles brûlures que vous lui avez infligées, ce qui ne l'empêche pas de continuer à avancer dans votre direction ! (Comme le Bâton est maintenant dépourvu de tout pouvoir, vous pouvez le rayer de votre Feuille d'Aventure.)

LA FROIDE
HORREUR
DE LA NUIT ENDURANCE : 12

Lancez deux dés. Si vous obtenez :
2 : la langue ondulante du reptile s'enroule autour de votre visage, pendant que ses crocs s'enfoncent dans votre cou, vous injectant un terrible venin qui vous foudroie dans l'instant. Votre aventure se termine ici ;
de 3 à 7 : le démon vous mord, et vous perdez 3 points d'ENDURANCE ;
de 8 à 12 : vous portez un violent coup au démon qui perd 3 points d'ENDURANCE.

Si vous êtes vainqueur, rendez-vous au **93**.

9

Le bandit s'affaisse sur le sol, transpercé par votre épée. Sans perdre un instant, vous vous saisissez de sa torche que vous élevez haut au-dessus de votre tête. Vous vous trouvez dans une pièce étroite qui a dû être aménagée voilà des siècles et des siècles. Venant du nord, un corridor y aboutit. Rien d'autre à faire que de vous y engager. Rendez-vous au **283**.

10

Le nomade s'éloigne de vous, l'air profondément mécontent, et rejoint quelques hommes à la mine patibulaire qui sont accoudés au comptoir. Pendant quelques instants, ils parlent entre eux en ponctuant chacune de leurs paroles de larges gestes, puis ils se tournent vers vous, vous regardant d'une façon plus que menaçante. Sans doute est-il temps de quitter ce lieu peu hospitalier ! De retour sur la place, vous vous éloignez au plus vite de l'auberge, en direction du groupe d'enfants. Peut-être pourraient-ils vous indiquer votre chemin ? Rendez-vous au **190**.

11

Ouf ! Cela va un peu mieux maintenant : vous n'avez plus qu'un seul adversaire face à vous.

PANTHERE ENDURANCE : 12

Lancez deux dés. Si vous obtenez :
de 2 à 6 : la Panthère vous porte un redoutable coup de patte qui vous fait perdre 3 points d'ENDURANCE ;
de 7 à 12 : vous frappez la Panthère qui perd 3 points d'ENDURANCE.

Si vous êtes vainqueur rendez-vous au **68**.

12

Il est près de midi lorsque vous pénétrez dans le bâtiment. La salle circulaire dans laquelle vous vous trouvez n'est éclairée que par un rayon de soleil qui pénètre dans l'endroit par une petite ouverture ménagée au milieu du plafond. Tous les murs de cette salle sont décorés de fresques polychromes représentant les dieux et demi-dieux du Khem. Posée sur un socle qui s'élève en son centre, se trouve la tête sculptée d'un pharaon d'une très ancienne dynastie, dont la caractéristique la plus remarquable est une énorme pierre précieuse enchâssée dans son front, entre ses deux yeux. Le rayon de soleil frôle maintenant la tête sculptée. Si vous désirez inspecter les murs de cette salle pour voir s'ils ne cachent pas quelque porte secrète, rendez-vous au **180**. Mais vous pouvez également attendre un peu avant de décider quoi que ce soit. Rendez-vous alors au **50**.

13

Impossible de vous libérer de l'étreinte des doigts qui enserrent votre cou. Et c'est avec la plus grande répulsion que vous sentez, sur votre visage, le souffle nauséabond d'un corps momifié depuis des milliers d'années qui vous entraîne, lentement, vers le sol. Votre aventure se termine ici.

14

Vous marchez tout du long de l'allée bordée de sphinx, et vous vous dirigez vers le bâtiment qui fait face à la petite pyramide, quand soudain Gabbad s'effondre en essayant de se raccrocher à vous, et glisse sur le sol. La chaleur a eu raison du vieil homme, et il est mort d'épuisement. Vous l'ensevelissez dans le sable du désert avec beaucoup de tristesse, tout en sachant qu'il est préférable de ne pas trop vous attarder, si vous ne voulez pas subir le même sort. Vous reprenez donc votre chemin vers le bâtiment, dans lequel vous pénétrez en franchissant une petite porte. Rendez-vous au **35**.

15

L'anxiété vous gagne au fur et à mesure que vous voyez le vieil homme se rapprocher de l'endroit où vous êtes caché. Mais, au moment où il va pénétrer dans la salle, le rayon de soleil frappe la pierre incrustée dans le front de la tête du pharaon. Au même instant, une lueur aveuglante vous entoure, en même temps qu'un pan de mur glisse dans un sourd grondement, révélant l'entrée d'un corridor. Sans réfléchir, vous vous précipitez dans l'ouverture qui se referme derrière vous. Vous allumez une torche pour constater que vous vous trouvez dans une galerie taillée dans le roc, et qui semble s'enfoncer dans les profondeurs de la terre. Rendez-vous au **283**.

16

Vous reprenez peu à peu vos esprits, pour constater que vous êtes étendu à terre, dans une pièce dont vous ne parvenez pas à distinguer la forme, les bras liés derrière le dos. Bientôt, vos étourdissements cessent, et vous apercevez alors trois hommes qui vous font face. L'un d'entre eux, assis en tailleur, vous fixe d'un regard sombre. Les deux autres se tiennent debout, légèrement en retrait, le visage presque entièrement dissimulé sous un turban noir. Tous deux sont nonchalamment appuyés sur un long, très long, cimeterre. Quant à l'homme qui est assis, il a relevé les manches de sa tunique, laissant apparaître un serpent sinueux, tatoué sur chacun de ses avant-bras. Constatant que vous avez maintenant suffisamment repris vos esprits, il ouvre la bouche :

— Eh bien, l'étranger ! On dit que vous êtes venu du nord lointain pour découvrir la tombe du pharaon perdu... Pourquoi avoir parcouru une si longue distance, avoir bravé tant de dangers ? Pourquoi ? Avez-vous donc eu, par hasard, connaissance de renseignements oubliés par le peuple d'Arksor depuis des millénaires ? Si tel est le cas, n'hésitez pas à parler. Cela nous serait de la plus grande utilité, et soyez certain que nous saurions vous en remercier comme il convient.

Allez-vous lui révéler tout ce que vous savez sur la tombe du pharaon, et lui montrer la Tablette (rendez-vous au **120**) ou, vous méfiant, préférez-vous cacher cette Tablette sous le tapis sur lequel vous êtes étendu (rendez-vous au **26**) ?

17

La porte s'ouvre sur une immense salle comportant deux issues. La première est située sur votre gauche, au bas d'une rampe, et la seconde — une porte — se trouve face à vous, de l'autre côté de la salle. Rendez-vous au **186**.

18

Vous n'avez pas sauté suffisamment haut, et votre pied heurte l'un des Guerriers de Pierre alors que vous retombez sur le sol. La statue se met alors à grandir avec une rapidité effrayante et, bientôt, vous vous trouvez face à un gigantesque guerrier armé d'une épée menaçante. Impossible d'éviter ce combat.

GUERRIER
DE PIERRE ENDURANCE : 9

Lancez deux dés. Si vous obtenez :
de 2 à 6 : le Guerrier de Pierre vous porte un coup d'épée, et vous perdez 3 points d'ENDURANCE ;
de 7 à 12 : vous frappez le Guerrier qui perd 3 points d'ENDURANCE.

Si vous êtes vainqueur, rendez-vous au **269**.

16 *L'homme qui est assis a relevé les manches de sa tunique, laissant apparaître un serpent sinueux tatoué sur chacun de ses bras.*

19

Votre adversaire semble particulièrement habile et redoutable. Lentement, il décrit des cercles autour de vous, tout en faisant tournoyer son épée qui scintille dans la lumière des torches.

MAITRE DE L'EPEE ENDURANCE : 9

Lancez deux dés. Si vous faites :
de 2 à 7 : le Maître de l'Epée vous blesse, et vous perdez 3 points d'ENDURANCE ;
de 8 à 12 : vous portez un coup au Maître de l'Epée, qui perd 3 points d'ENDURANCE.

Si vous êtes vainqueur, rendez-vous au **259**.

20

Il y a quelque chose de sinistre et d'inquiétant chez cet homme. Pris de panique, vous vous enfuyez à toutes jambes. Mais ses plaintes semblent vous poursuivre et, en jetant un regard par-dessus votre épaule, votre effroi redouble en le voyant qui flotte au-dessus des dunes, non loin de vous. Dans un rauque murmure, il vous appelle par votre nom, ce qui vous fait redoubler votre course. Enfin, vous vous arrêtez, à bout de souffle. Vous êtes seul, maintenant, et tout danger semble écarté. Mais vous êtes encore plus égaré que vous ne l'étiez auparavant.

Lancez un dé. Si vous obtenez :
1 ou 2 : rendez-vous au **182** ;
3 ou 4 : rendez-vous au **232** ;
5 ou 6 : rendez-vous au **39**.

21

Si vous possédez l'un ou l'autre des objets suivants, lequel allez-vous utiliser :

Une Potion de Lévitation ? Rendez-vous au **153**
Un Tapis Volant ? Rendez-vous au **188**

Mais si vous n'avez ni l'un ni l'autre, vous allez devoir traverser la salle en courant. Rendez-vous dans ce cas au **177**.

22

L'eau est fraîche, et vous ressentez une sensation de bien-être lorsque vous y pénétrez. Toutes les blessures qui auraient pu vous être infligées se cicatrisent, et vous retrouvez aussitôt votre Total de Départ d'ENDURANCE. Vous restez quelques instants, plongé dans cette eau bénéfique, puis vous en sortez et, après avoir remis vos vêtements, vous poursuivez votre chemin. Rendez-vous au **147**.

23

On dirait que les choses se présentent un peu mieux, maintenant qu'il ne vous reste plus qu'une Panthère à combattre !

PANTHERE ENDURANCE : 12

Lancez deux dés. Si vous obtenez :
de 2 à 6 : la Panthère vous griffe profondément, et vous perdez 3 points d'ENDURANCE ;
de 7 à 12 : vous portez un coup d'épée au félin qui perd 3 points d'ENDURANCE.

Si vous êtes vainqueur, rendez-vous au **230**.

24

Vous cachez votre sac dans l'ombre d'un arbre. Maintenant vous ne possédez plus en tout et pour tout que votre épée, une torche, et le morceau de tablette en granite. Rendez-vous au **128**.

25

Vous passez à travers le miroir, et vous vous retrouvez dans une grande salle de forme rectangulaire. Des reflets de lumière irisée jouent sur les murs et sur le plafond en granite, baignant tout l'espace qui se trouve devant vous d'une lumière féerique. Tout au fond de la salle, vous distinguez un large escalier menant à un palier et, à droite de cet escalier, une porte sur le linteau de laquelle il vous semble apercevoir une inscription gravée. Vous pouvez vous approcher de la porte pour examiner cette inscription (rendez-vous au **106**) ou, si vous le préférez, vous pouvez également gravir l'escalier (rendez-vous au **256**).

26

En prenant soin que personne ne vous remarque, vous glissez la Tablette de granite sous le tapis puis, fixant droit dans les yeux l'homme aux tatouages, vous lui dites avec assurance qu'il lui est tout à fait impossible de découvrir la tombe de pharaon sans votre aide. Il vous lance un regard furieux et, d'un mot, ordonne à ses gardes de vous fouiller. Ce qu'ils font sans ménagement, et sans succès ! Sa fureur redouble lorsqu'il comprend qu'il ne peut faire autrement que de conclure un marché avec vous. Rendez-vous au **102**.

27

Cette salle vous semble familière... sur le sol, se trouvent les débris d'une urne... l'urne que vous avez brisée, voilà peu de temps, lorsque vous avez échappé au vieil homme ! Mais vous n'avez pas le temps de vous poser des questions sur le maléfice qui vous a ramené dans ce lieu, car des volutes de fumée s'élèvent devant vous, et prennent la forme terrifiante du démon Boos. Vous reculez pas à pas jusqu'au mur que vous sentez maintenant dans votre dos. Impossible de vous échapper : le démon grimaçant vous enveloppe lentement de ses vapeurs pestilentielles, prenant tout son temps pour se venger d'avoir été jeté aussi violemment à terre. Votre aventure se termine ici.

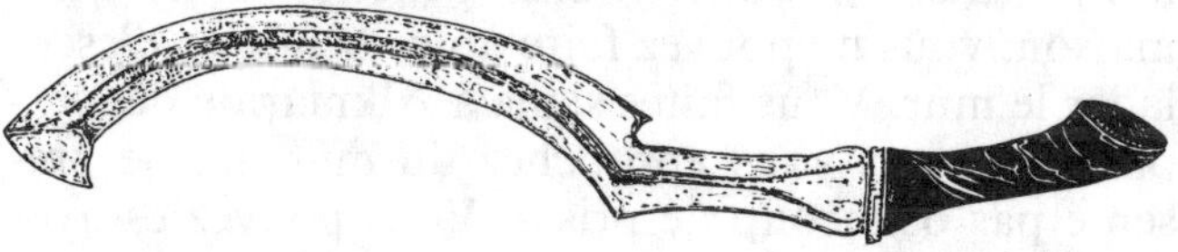

28

Alkmar semble avoir terminé sa conversation car il tourne maintenant la tête vers nous. En s'apercevant que vous êtes toujours bien éveillé, il ne peut retenir un mouvement de surprise mais, se reprenant vite, il vous adresse un sourire amical, dans lequel vous ne pouvez vous empêchez de deviner la plus noire fourberie. Cependant, il faut vous en remettre à lui pour vous rendre à la demeure de Gabbad, le marchand d'antiquités, car il est à présent trop tard pour espérer trouver un autre guide. A votre grande surprise, il accepte de vous y accompagner sans manifester la moindre réticence, et vous partez sur-le-champ. Vous suivez Alkmar dans les ruelles sombres de la cité, mais au bout d'un instant, vous dégainez votre épée, et vous la pointez sur sa nuque, trouvant l'amabilité de votre compagnon par trop suspecte. Il s'arrête dans un sursaut, et vous lui ordonnez d'une voix sans réplique : « Et maintenant, tu vas vraiment me conduire chez Gabbad ! » Vous êtes à peine surpris de le voir tourner à droite, puis à droite encore dans une ruelle qui débouche sur la place que vous venez de quitter, pour enfin prendre une direction à l'opposé de celle que vous aviez tout d'abord prise. Vous marchez ainsi pendant une dizaine de minutes jusqu'à une maison plongée dans l'obscurité et dont tous les volets sont clos. « C'est ici », dit-il sèchement. La porte semble barricadée. De toute façon, personne ne vous ouvrira à cette heure de la nuit. Aussi, si vous voulez pénétrer dans cette maison, vous ne pouvez faire autrement que d'escalader le mur. Vous faites signe à Alkmar de déguerpir, puis vous vous approchez du mur qui ne présente pas beaucoup de prises. Vous pouvez essayer de l'escalader avec tout votre équipement — ce qui vous gênera et diminuera votre HABILETE (rendez-vous au **42**). Mais si vous le préférez, vous pouvez également vous débarrasser de votre sac en le cachant dans un coin d'ombre, ce qui facilitera votre tâche (rendez-vous au **24**).

29

La porte s'ouvre sur une immense salle comportant deux issues : la première, sur votre droite, est une galerie qui descend en pente douce et la seconde face à vous, se trouve à l'opposé de l'endroit où vous vous tenez. Rendez-vous au **186**.

30

Vous tendez le Bâton en direction des statues, et un violent éclair bleu dont l'intensité vous aveugle, en jaillit. Lorsque votre vision redevient normale, vous constatez avec surprise qu'il ne reste plus dans la pièce qu'une légère fumée. Toutes les statues ont été réduites en cendres par la décharge d'énergie. Maintenant, votre Bâton ne pourra plus vous servir qu'une seule fois. Traversant la salle, vous vous dirigez vers la porte que vous ouvrez, et vous vous retrouvez sur le seuil de ce qui a dû être, manifestement, une salle où le pharaon Kar-Thot et sa cour prenaient leurs repas. En effet, sur une grande table dressée voilà des siècles et des siècles, vous apercevez des restes desséchés — et peu appétissants — de nourriture que l'air sec et raréfié a à peine recouvert d'une mince couche de poussière grise. Il est inutile de perdre du temps dans ce lieu sinistre, aussi vous vous dirigez d'un bon pas vers une ouverture située à l'extrémité de cette pièce. Rendez-vous au **62**.

31

Vous arrivez à la hauteur d'une construction basse, qui fait face à la petite pyramide. Il fait maintenant une chaleur étouffante : il est près de midi, et le soleil transforme le désert en une véritable fournaise. Soudain, Gabbad s'effondre sur le sol. La fatigue et surtout les rayons brûlants du soleil ont eu raison du vieil homme qui est mort d'épuisement. Avec tristesse, vous creusez une tombe sommaire dans le sable, pour celui qui a été un fidèle compagnon de route. Mais si vous ne voulez pas connaître le même sort, il vous faut sans tarder sortir de ce redoutable désert. Sans hésiter, vous pénétrez dans l'édifice qui se trouve devant vous, un temple, très certainement. Rendez-vous au **12**.

32

Au moment où vous allez vous en emparer, les Pièces d'Or se transforment en un nid de scorpions grouillants. Si vos réflexes sont assez rapides, vous pouvez retirer votre main avant d'être piqué par leur aiguillon venimeux. Lancez deux dés. Si le chiffre obtenu est égal ou inférieur à votre total d'HABILETE, rendez-vous au **98**. Sinon, rendez-vous au **82**.

33

Le jeune garçon vous précède à travers les ruelles sinueuses de la cité jusqu'au pied d'un grand escalier. Pendant que vous le suivez, votre inquiétude n'a fait qu'augmenter : ne cherche-t-il pas à vous égarer ? Vous êtes encore perdu dans vos réflexions, lorsque soudain deux hommes vêtus de noir surgissent de l'obscurité d'un porche situé en haut de l'escalier, et dévalent les marches en faisant tournoyer leur long cimeterre qu'ils tiennent à deux mains. Vous dégainez en un éclair votre épée, prêt à vous défendre contre ces deux agresseurs mais, à votre grande surprise, vous voyez le jeune garçon faire un croche-pied à l'un d'eux qui, déséquilibré et emporté par son élan, accomplit un vol plané au-dessus des dernières marches pour retomber lourdement derrière vous. Vous faites maintenant face à un seul adversaire.

ASSASSIN ENDURANCE : 9

Lancez deux dés. Si vous faites :
de 2 à 6 : vous êtes blessé, et vous perdez 3 points d'ENDURANCE ;
de 7 à 12 : vous portez un coup de votre épée à l'Assassin qui perd 3 points d'ENDURANCE.

Si vous êtes vainqueur, rendez-vous au **195**.

34

Le Sphinx vous répond qu'il vous sera nécessaire de trouver une Flûte, et que vous aurez également besoin d'une Corde Magique et d'un Bâton d'Energie. Si vous souhaitez poser une autre question au Sphinx, il vous en coûtera une Pièce d'Or supplémentaire. Rendez-vous alors au **130**. Sinon, rendez-vous au **14**.

33 *Soudain deux hommes vêtus de noir surgissent de l'obscurité d'un porche, en faisant tournoyer leur long cimeterre.*

35

Vous vous retrouvez dans une salle de forme circulaire, dont tous les murs sont entièrement gravés de fresques représentant les divinités du Khem, et qui n'est éclairée que par un rayon de soleil qui y pénètre par une petite ouverture ménagée dans le plafond. Au centre de la pièce, exactement sous l'ouverture et, posée sur un socle de pierre, se trouve la tête sculptée d'un pharaon dont le front, juste entre les deux yeux, est incrusté d'une énorme pierre précieuse. Sur le sol gisent de nombreux squelettes — certains encore revêtus d'armures — qui tiennent tous une arme dans leur main osseuse (comme vous le faites actuellement !). Ils ont été criblés de flèches qui semblent provenir de la même direction. Si vous souhaitez examiner les murs pour voir s'ils ne cachent pas d'entrées secrètes, rendez-vous au **180**. Mais si vous préférez rester dans cet endroit pour voir ce qui va se passer lorsque le rayon de soleil frappera la pierre incrustée dans la tête de la statue, rendez-vous au **176**.

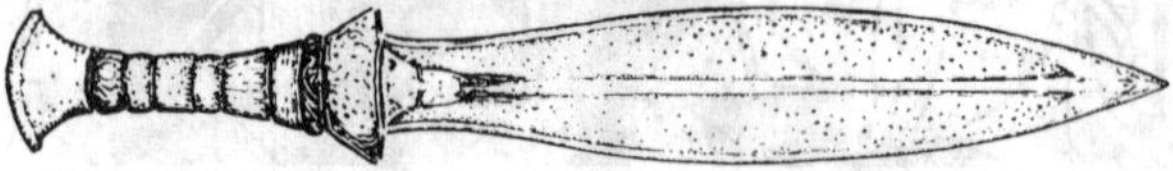

36

Vous frissonnez en constatant que la gorge est semée d'ossements humains, et c'est avec la plus grande prudence que vous vous y engager. Soudain, un grognement sourd vous fait sursauter, et vous distinguez bientôt deux formes sombres à l'allure souple qui sautent d'un rocher à l'autre dans votre direction. Des Panthères ! Si vous possédez une Potion de Célérité, peut-être serait-il sage de l'utiliser maintenant (rendez-vous au **77**). Sinon, dégainez votre épée, et bon courage contre ces redoutables félins (rendez-vous au **125**) !

37

Vous pouvez remercier votre guide : en vous tournant de toute part, vous ne voyez plus la moindre trace de la cité, et vous ne voyez rien, non plus, qui pourrait vous servir de repère. Il vous a complètement égaré ! Profondément découragé, vous vous asseyez sur le sable : à quoi bon, en effet, marcher au hasard dans cette étendue sans fin ? D'autant plus que dans quelques heures le soleil se lèvera et, comme vous n'avez pas la moindre goutte d'eau... Vous êtes perdu dans ces sombres pensées, lorsque soudain il vous semble entendre un imperceptible sifflement. Pensant être en proie à une hallucination, vous vous bouchez les oreilles. Mais le sifflement s'amplifie, et bientôt vous distinguez une ombre qui grandit dans l'obscurité. La peur et l'espoir vous font vous lever d'un bond, et vous pouvez voir maintenant un homme décharné, à moitié revêtu d'une peau de léopard, qui avance dans votre direction en se déplaçant sans difficulté à travers les dunes. Allez-vous céder à la peur, et vous enfuir (rendez-vous au **20**) ou, pensant qu'il représente votre dernière chance de retrouver votre chemin, préférez-vous l'attendre (rendez-vous au **88**) ?

38

A quoi bon parier ? La somme d'argent que vous possédez maintenant est suffisante pour payer le vieil homme. Aussi, un sourire sardonique aux lèvres, vous pénétrez dans le cercle formé par les spectateurs, l'épée à la main. Rendez-vous au **19**.

39

Vous poursuivez votre pénible marche, escaladant les dunes, les redescendant, trébuchant dans le sable, puis recommençant encore et encore, comme si vous étiez condamné à marcher ainsi jusqu'à la fin de vos jours. Devant vous, l'horizon s'éclaircit peu à peu et, soudain, le disque brûlant du soleil semble surgir de derrière une dune. Un spectacle grandiose, certes, mais qui pourrait bien être le dernier auquel il vous sera donner d'assister. Avez-vous de l'eau avec vous ? Si oui, rendez-vous au **46**. Mais si vous n'en possédez pas, vous perdez 3 points d'ENDURANCE, en raison de la soif qui vous affaiblit. Si vous êtes toujours vivant, rendez-vous au **46**.

40

Malgré toute la prudence dont vous faites preuve, vous ne remarquez pas une petite dalle qui dépasse légèrement du sol, et vous posez le pied dessus. Aussitôt, dans un horrible grincement, une partie du mur qui vous fait face pivote, découvrant sur son autre face des rangées de pointes de métal acérées. Et avant que vous n'ayez pu faire le moindre geste, ce piège diabolique est précipité sur vous par quelque mécanisme secret, et vous empale, mettant un terme sanglant à votre aventure.

41

Vous laissez tomber l'urne sur le sol de pierre. Derrière vous, le vieil homme pousse alors un terrible hurlement, comme si votre geste lui avait causé une douleur atroce. Mais cela ne dure que peu de temps car, à votre satisfaction, l'inquiétant personnage s'évanouit comme par enchantement. Néanmoins vous n'avez pas le temps de vous attarder sur le phénomène : des débris de l'urne s'échappe une fumée noirâtre et nauséabonde qui, en s'élevant dans les airs, prend peu à peu la forme d'un immonde démon. Il vous contemple d'un air d'une extrême méchanceté puis, se penchant vers vous, ils vous enveloppe de ses émanations mortelles. Votre aventure se termine ici.

42

Escalader ce mur encombré de tout votre équipement n'est pas si facile que vous le pensiez. Enfin, en soufflant, vous en atteignez presque le faîte, lorsque votre sac s'accroche à la branche d'un arbre, vous faisant ainsi perdre l'équilibre. Lancez deux dés. Si le résultat obtenu est égal ou inférieur à votre total d'HABILETE, rendez-vous au **63**. Sinon, rendez-vous au **3**.

43

Dans un grondement de tonnerre, l'énorme masse de pierre passe devant l'alcôve au fond de laquelle vous vous faites le plus petit possible. Puis, poursuivant sa course, elle finit par s'arrêter un peu plus bas, dans un énorme fracas, coincée entre les murs du passage plus étroit en cet endroit. Il vous est dorénavant impossible de revenir sur vos pas. Aussi, vous vous dirigez vers le haut du passage. Rendez-vous au **229**.

44

Vous glissez, et vous tombez à plat ventre. Levant la tête, vous voyez, dans l'impuissance la plus totale, la boule rocheuse rouler vers vous à grande vitesse. Encore quelques secondes, et votre aventure sera terminée.

45

Possédez-vous un Tapis Volant (rendez-vous au **213**) ? Une Potion de Lévitation (rendez-vous au **135**) ? Si vous n'avez rien de cela, prenez votre élan, car vous devez sauter (rendez-vous au **254**).

46

Il est près de midi lorsque vous atteignez enfin les murs de la ville. A bout de forces, vous en franchissez les portes, et vous vous précipitez vers une fontaine dont vous buvez l'eau fraîche à grands traits. Puis, haletant, vous vous effondrez contre un mur. Sans vous en rendre compte, vous ne tardez pas à sombrer dans un profond sommeil. La nuit est tombée lorsque vous ouvrez les yeux, et ce n'est qu'au bout que de quelques instants que vos idées vous reviennent. Le désert, la Tablette de granite, la Malédiction du Pharaon... D'un bond, vous vous levez. Inutile de perdre votre temps à questionner les habitants d'Arksor : il est maintenant évident pour vous qu'aucun d'eux ne sait où se trouve la tombe de Kar-Thot. C'est Gabbad qu'il vous faut trouver ! Gabbad, le marchand d'antiquités. Tout en remuant ces pensées, vous vous êtes engagé dans les ruelles sombres de la ville, et c'est avec étonnement que vous débouchez soudain en plein milieu du bazar. Quelques pas encore, et vous vous retrouvez sur la vaste place. Dans un coin de cette place, vous remarquez un groupe d'enfants qui jouent en poussant des cris aigus. Peut-être l'un d'eux pourrait-il vous conduire chez Gabbad ? Rendez-vous au **190**.

47

Le fantôme disparaît en poussant un lugubre gémissement. Rendez-vous au **261**.

48

Vous quittez la salle de jeux accompagné par les quolibets et les rires moqueurs des nombreux clients, et vous vous retrouvez sur la place. Allez-vous vous approcher des enfants qui poursuivent leurs jeux (rendez-vous au **190**), vous mêler aux badauds qui entourent le cracheur de feu (rendez-vous au **210**), ou préférez-vous vous diriger vers l'auberge (rendez-vous au **123**) ?

49

Après deux jours d'une marche épuisante, vous arrivez en vue d'une chaîne montagneuse de faible hauteur. Une gorge la traverse et, lorsque vous en atteignez l'extrémité, vous apercevez, non loin de vous, une petite pyramide qu'il vous est possible d'atteindre en empruntant une allée bordée de Sphinx. Derrière la pyramide s'élève une énorme dune de sable. Sans vous laisser le temps de prendre le moindre repos, vos ravisseurs vous conduisent vers un petit bâtiment que vous n'aviez pas remarqué jusqu'alors. Il fait face à la pyramide, et sans doute doit-il s'agir d'un temple. Sans ménagement, ils vous poussent à l'intérieur, et vous vous retrouvez dans une salle circulaire, éclairée par un rayon de soleil qui y pénètre par une ouverture ménagée dans le plafond. Au centre de cette salle est dressé un socle de pierre sur lequel repose la tête sculptée d'un pharaon. Au milieu de son front, et entre ses deux yeux, est incrustée une énorme pierre précieuse. Le mur est entièrement recouvert de peintures polychromes représentant les principales divinités du Khem : le dieu chacal à la tête humaine, la déesse aux cornes de taureau enserrant le disque solaire, un personnage à la courte barbe coiffé de la couronne des anciens pharaons, et tenant le sceptre royal dans sa main droite, et de nombreux autres dieux, ou demi-dieux. Curieusement, tous les yeux de ces personnages sont exactement à la même hauteur que la pierre incrustée dans le front de la statue. Sur le sol sont étendus de nombreux squelettes, la plupart portant encore de vieilles cuirasses, et tous tenant fermement dans leur main osseuse une épée. Il semble que tous aient trouvé la mort transpercés par la multitude de flèches que vous voyez à vos pieds. Le chef des bandits vous fait face et il vous observe, curieux, à l'évidence, de ce que vous allez faire. Il n'est pas loin de midi et, imperceptiblement, le rayon de soleil s'approche de la tête de pierre. Il vous faut prendre une décision. Allez-vous cherchez dans le mur une éventuelle porte secrète (rendez-vous au **110**), ou préférez-vous attendre que le soleil soit à la verticale dans le ciel, en ignorant l'impatience du chef des bandits (rendez-vous au **155**) ?

50

Enfin, le soleil frappe la statue, en plein sur la pierre incrustée dans son front, produisant de ce fait un éclat si intense que vous en auriez été ébloui, si vous n'aviez eu la sagesse de mettre les mains devant les yeux. Devant vous, un pan de mur a glissé, découvrant une étroite ouverture. Sans hésiter, vous vous y précipitez. Derrière vous le mur a repris sa place dans un grondement sourd. C'est presque en tremblant que vous allumez une torche, qui éclaire l'extrémité d'un corridor qui semble s'enfoncer dans les profondeurs de la terre. Rendez-vous au **283**.

51

Le serpent plante ses crocs dans votre poignet, ce qui vous fait perdre 3 points d'ENDURANCE. Dans un geste où le dégoût se mêle à la douleur, vous le projetez sur le sol, et vous le voyez disparaître, en ondulant, dans une fissure du mur. Si vous êtes toujours vivant, rendez-vous au **146**.

49 *Au centre de la salle est dressé un socle de pierre sur lequel repose la tête sculptée d'un pharaon.*

52

A peine avez-vous esquissé un geste pour vous emparer du Bâton, qu'une intense lueur bleue — une décharge d'énergie — s'en échappe, et vous frappe violemment. Lancez deux dés. Si le résultat obtenu est égal ou inférieur à votre total de PSI, rendez-vous au **206**. Sinon, rendez-vous au **295**.

53

Vous poursuivez votre chemin dans le corridor qui, bientôt, fait un coude vers la droite. Au moment même où vous alliez vous engager dans ce coude, un gigantesque Scarabée en surgit. Et vous êtes d'autant plus terrorisé que, si le silence était total la seconde précédant l'apparition du monstre, la tombe entière semble résonner, à présent, de l'immonde cliquetis de ses énormes mandibules. Peut-être serait-il plus sage de faire demi-tour... Sans vous poser la question, vous pivotez sur vos talons, pour voir un énorme bloc de pierre tomber du plafond et vous couper toute retraite. Il ne vous reste plus qu'à dégainer votre épée pour essayer de venir à bout de la créature.

SCARABEE GEANT ENDURANCE : 15

Lancez deux dés. Si vous faites :
2 : le Scarabée vous saisit entre deux de ses pattes et, malgré vos efforts pour vous dégager, vous êtes inexorablement entraîné vers ses mandibules. Votre aventure se termine ici ;
de 3 à 6 : un violent coup de patte vous fait perdre 3 points d'ENDURANCE ;
de 7 à 12 : vous parvenez à blesser le Scarabée qui perd 3 points d'ENDURANCE.

Si vous êtes vainqueur, rendez-vous au **64**.

54

Heureusement, personne n'est témoin des horribles grimaces que vous faites pour ne pas vous laisser entraîner par cette musique hypnotique. Et vos efforts sont tels que, peu à peu, la musique s'évanouit. Bien qu'étant au bord de l'épuisement, vous parvenez à atteindre la porte qui vous fait face. Rendez-vous au **90**.

55

Le serveur vous regarde d'un air las lorsqu'il comprend que vous n'avez pas de quoi payer. Puis, comme pris par une soudaine fureur, il vous saisit par les épaules, vous traîne à travers la salle, et vous expédie sans ménagement à l'extérieur de l'auberge. Affalé au milieu de la place, vous mettez quelque temps à reprendre vos esprits. Enfin vous vous relevez et vous vous époussetez en poussant des jurons. Il y a de quoi être de méchante humeur ! Aussi, vous pouvez revenir à l'auberge, si vous le voulez (rendez-vous au **285**). Mais, oubliant cette mésaventure, vous pouvez également vous diriger vers le groupe d'enfants qui jouent dans un coin de la place (rendez-vous au **190**).

56

L'un des sphinx vous semble particulièrement intéressant. Il mesure plus de deux mètres de haut, et sa poitrine est entièrement gravée d'hiéroglyphes. De plus, un plateau à offrandes plein de Pièces d'Or se trouve entre ses pattes. Allez-vous vous diriger vers ce sphinx dans l'intention de lui subtiliser un peu de son or (rendez-vous au **76**), ou préférez-vous faire votre propre offrande en déposant une Pièce d'Or dans le plateau (rendez-vous au **130**) ? Mais vous pouvez également poursuivre votre chemin sans lui prêter attention. Rendez-vous dans ce cas au **31**.

57

En grimaçant de douleur, vous vous retournez d'un bond pour faire face à votre adversaire. Devant vous se dresse de toute sa froide puissance une créature mi-homme, mi-lion, au visage cerné d'une épaisse crinière, et dont les pattes se terminent par de redoutables griffes. Serré dans l'une de ses pattes se trouve un cœur humain dégoulinant de sang. Impossible d'échapper au combat.

LE DEVOREUR
DE CŒURS ENDURANCE : 15

Lancez deux dés. Si vous obtenez :
2 : la créature vous donne un violent coup de patte et, ses griffes s'enfonçant dans votre poitrine, il vous arrache le cœur, vous ôtant par là même la vie ;
de 3 à 6 : la créature vous laboure profondément le bras de ses griffes. Vous perdez 3 points d'ENDURANCE ;
de 7 à 12 : vous blessez le Dévoreur de Cœurs qui perd 3 points d'ENDURANCE.

Si vous êtes vainqueur, rendez-vous au **274**.

58

Le corridor entier semble tourner autour de vous, et vos pensées se brouillent dans votre tête. Vous avez cependant la sensation d'être emporté, comme par magie, dans un autre lieu. Rendez-vous au **288**.

59

Sans dire un mot, vous tendez la somme convenue au vieil homme qui la reçoit en grognant de satisfaction. Puis, faisant sonner les pièces au creux de sa main, il vous déclare :

— Bien. Nous pouvons avoir une petite conversation, à présent.

Il vous entraîne alors vers une pièce éclairée située au fond de sa maison. Vous vous asseyez face à face sur le sol et, en choisissant ses mots, il vous raconte son histoire.

— Ainsi que je vous l'ai dit, cette Tablette de granite ne m'est pas étrangère. Je l'ai reconnue dès que vous me l'avez montrée, et il semble bien qu'elle aussi ne m'ait pas oublié puisque elle a retrouvé le chemin de ma demeure alors que je pensais terminer les derniers jours qui me restent à vivre dans la paix et dans la quiétude. Hélas, il n'en sera pas ainsi... Enfin, l'or que vous m'avez donné pourvoira aux besoins de mon neveu s'il devait m'arriver malheur. D'un mouvement de la tête, il vous montre le jeune garçon qui est maintenant assis non loin de vous.

Pendant de longues minutes, le regard du vieil homme se perd dans le lointain, puis il reprend :

— La façon dont Aktan — mon fils — et moi-même avons trouvé cette Tablette est tout à fait étrange. Nous avions fouillé pendant une semaine entière la Grande nécropole du désert à la recherche d'antiquités, sans succès. Et nous nous apprêtions à regagner Arksor, lorsque je décidai de pousser un peu plus à l'ouest, vers le domaine des Esprits : un lieu qui inspire une telle crainte que les nomades eux-mêmes ne s'y risquent pas. C'est en nous dirigeant vers ce lieu maudit que nous avons découvert l'homme. Il gisait sur le sable, brûlé par le soleil. Mais surtout — et comment avait-il pu se traîner là dans cet état, et d'ailleurs d'où pouvait-il venir ? — tous les os de son corps étaient brisés ! Le plus extraordinaire, c'est qu'il était encore en vie... Lorsque nous nous sommes approchés de lui, il était en plein délire. Il prononçait des mots sans suite, dans lesquels il était question du pharaon Kar-Thot, et de la malédiction qu'il n'avait pu vaincre pour avoir été incapable de découvrir l'autre partie d'une Tablette. Ainsi, cet homme avait pénétré dans la tombe de Kar-Thot le Magnifique ! Au comble de l'excitation, je me penchai vers lui et lui posai mille questions. Mais je ne pus en apprendre davantage, car il perdit alors connaissance. Il est mort quelques instants plus tard, sans revenir à lui. Dans sa main, il tenait laTablette de granite que voici. Après lui avoir donné une sépulture sommaire, nous avons suivi les traces sombres du sang qu'il avait perdu sur le sable et, après environ un kilomètre, nous sommes arrivés en vue d'une immense dune. Mais, alors que rien ne le laissait prévoir, une terrible tempête de sable nous a enveloppés. Jamais je n'ai revu mon fils depuis ce moment... La tempête a duré plus de deux jours et c'est un miracle si, à moitié mort de soif, j'ai pu retrouver le chemin de la ville. O, combien j'ai été stupide de raconter ces événements à mon retour : car des bandits en ont eu connaissance, et c'est pour s'emparer de la Tablette qu'ils ont rendu ma vie misérable, assassinant ma femme, mettant à sac à plusieurs reprises mon magasin... Vous comprenez pourquoi je me suis débarrassé de cette maudite pierre.

Gabbad semble soudain se tasser.

— Mon frère, le père de ce garçon, s'occupera de la boutique. Quant à moi, je vais vous accompagner dès demain dans le désert. Si vous voulez bien l'accepter, je serai votre guide. Ainsi, cela permettra à ma pauvre femme et à mon malheureux fils de trouver, par-delà la mort, la paix qu'ils méritent. Nous devons faire vite, car toute la ville sait pourquoi vous êtes venu. Et croyez-moi, vous n'êtes pas le seul qui soit intéressé par Kar-Thot. Les pilleurs

de tombes sont nombreux, et rien ne saurait les arrêter.
Vous le mettez alors au courant de ce qui vient de vous arriver, et il vous écoute, l'air sombre, en secouant de temps à autre la tête. Puis, après vous avoir donné quelques fruits et un verre de vin, il vous montre une paillasse posée dans un coin de la pièce :
— Prenez quelque repos, car nous allons partir dès le lever du soleil.
Rendez-vous au **297**.

60

Vous faites quelques pas sur l'allée, et les crocodiles qui jusque-là étaient restés dans la plus parfaite immobilité, s'en approchent de part et d'autre en faisant claquer leurs mâchoires redoutables. Vous êtes maintenant presque à la hauteur des statues, et vous vous approchez de l'une d'elles pour la contourner. Mais, au moment où vous allez mettre le pied sur l'étroite bande de pierre restant entre son socle et le bord du lac, son bras se lève brutalement et vous frappe en pleine poitrine, vous faisant chanceler au-dessus de l'eau. C'est avec beaucoup de chance que vous reprenez votre équilibre. Mais vous n'en êtes pas quitte pour autant car, à nouveau, le bras de bois se remet en action. Il vous faut, cette fois, absolument l'éviter. Lancez deux dés. Si le résultat obtenu est égal ou inférieur à votre total d'HABILETE, rendez-vous au **215**. Sinon, rendez-vous au **212**.

61

Le Sphinx vous répond que vous devez vous rendre au petit temple qui fait face à la pyramide. Si vous souhaitez lui poser une autre question déposez une

Pièce d'Or dans le plateau à offrandes, et retournez au **130**. Sinon, rendez-vous au **14**.

62

Quittant la salle des festins, vous pénétrez dans une pièce dont les murs sont entièrement recouverts de céramiques aux motifs compliqués. En son milieu se trouve un large bassin plein d'une eau limpide dans laquelle il est possible de pénétrer grâce à quelques marches. Une étrange lumière verte scintille au fond de l'eau. Intrigué, vous vous penchez et vous découvrez le cartouche du pharaon qui est gravé dans la pierre qui compose le fond du bassin. Une porte s'ouvre dans le mur opposé à l'endroit où vous vous tenez. Allez-vous vous plonger dans l'eau (rendez-vous au **22**), ou préférez-vous poursuivre votre chemin sans prêter davantage attention au bassin (rendez-vous au **147**) ?

63

C'est par miracle que vous retrouvez l'équilibre. Assis à califourchon sur le mur, vous reprenez votre souffle tout en essuyant la sueur qui coule à grosses gouttes sur votre front, puis vous sautez de l'autre côté. Vous retombez dans une cour au sol dallé où règne la plus parfaite obscurité. Seuls, les clapotis de l'eau d'une fontaine brisent le profond silence qui vous entoure. Soudain, vous retenez votre souffle, tous les sens en alerte. Quelqu'un s'approche, derrière vous, à pas furtifs. D'un seul mouvement vous vous retournez pour faire face à cette présence. Dans l'obscurité, vous distinguez une silhouette armée de ce qui semble être un gourdin. Il vous faut combattre cet adversaire, mais il se rendra si vous réussissez à le toucher à deux reprises.

ADVERSAIRE
INVISIBLE ENDURANCE : 9

Lancez deux dés. Si vous obtenez :
de 2 à 6 : vous êtes blessé et vous perdez 3 points d'ENDURANCE ;
de 7 à 12 : vous portez un coup de votre épée à votre adversaire qui perd 3 points d'ENDURANCE.

Dès que vous aurez porté deux coups à cet adversaire, rendez-vous au **300**.

64

En grimaçant de dégoût, vous enjambez le cadavre du Scarabée d'où s'écoule, par les nombreuses blessures que vous lui avez infligées, un répugnant liquide brunâtre. Poursuivant votre chemin, vous passez le coude du corridor qui se termine, quelques mètres plus loin, sur une extraordinaire porte à double battant faite de l'or le plus pur. La lumière de votre torche qui s'y reflète emplit tout l'espace qui vous environne d'éclairs fulgurants, à un point tel que vous devez vous protéger les yeux de la main pour vous en approcher. Au centre du battant de gauche est gravé le cartouche royal de Kar-Thot. Au centre du battant de droite, le faucon sacré. Vous êtes près du but : derrière ces portes se trouve, sans aucun doute, la chambre funéraire du pharaon. Et, c'est le cœur battant à tout rompre que vous les poussez. Rendez-vous au **242**.

65

Vous vous approchez de l'échoppe au-dessus de laquelle est pendu un écriteau sur lequel vous pouvez lire l'inscription suivante : « Bazar d'Ahmed ». Puis vous voyez une rangée de dents qui étincellent dans l'obscurité lorsque le marchand vous adresse un large sourire.

— Bienvenue, aventurier du Nord. Ce soir, j'ai un grand choix d'objets à vendre.

Et, sans jeter un regard aux babioles posées devant lui, il saisit derrière lui un tapis élimé et dont les bords s'effilochent, et il le déplie, révélant des articles plus hétéroclites les uns que les autres.

— Vous ferez d'excellentes affaires avec tous ces objets, jeune homme. Ce Gant, par exemple. Oui, il n'y en a qu'un. Mais il est assez épais pour vous protéger des morsures de serpents. 5 Pièces d'Or seulement. Et cette Potion de Lévitation ! Elle vous permettra de vous élever à plus d'un mètre au-dessus du sol ! Là encore, 5 Pièces d'Or. Cette Outre, quant à elle, contient toujours au moins une gorgée d'eau.

Il verse alors une grande quantité d'eau dans l'outre qui se met aussitôt à couler par le bas comme si elle était percée. Puis, après que l'eau ait cessé de couler, l'homme retourne triomphalement l'Outre d'où s'échappe encore un filet d'eau.

— Regardez, s'exclame-t-il. C'est un objet merveilleux, et qui ne vaut que 5 Pièces d'Or ! J'ai aussi deux Potions de Célérité : elles vous permettront d'échapper à n'importe quel adversaire, aussi rapide soit-il, pour seulement 2 Pièces d'Or. Et, enfin, une occasion que vous ne pourrez laisser passer, un authentique Tapis Volant ! Il ne lui reste, certes

65 *« Bienvenue, aventurier du Nord. J'ai un grand choix d'objets à vendre. »*

qu'une heure de vol, mais je vous le vends à un prix avantageux, 5 Pièces d'Or.
Si vous souhaitez acheter l'un ou l'autre de ces objets, vous devez avoir suffisamment d'argent pour ce faire (et n'oubliez pas d'inscrire tout ce que vous aurez pu acheter sur votre Feuille d'Aventure). Puis, après avoir examiné les autres trésors du Bazar d'Ahmed, vous le remerciez, et vous vous éloignez de l'échoppe. Si vous voulez maintenant risquer l'or qui vous reste au jeu, rendez-vous au **218**. Sinon, allez-vous :

Vous diriger vers les enfants qui jouent sur la place ?	Rendez-vous au **190**
Rejoindre les badauds qui regardent le cracheur de feu ?	Rendez-vous au **210**
Traverser la place, et entrer dans l'auberge ?	Rendez-vous au **123**

66

Vous poussez la lourde porte, et vous pénétrez dans une salle qui devait être, autrefois, la salle des festins, à en juger par l'immense table qui l'occupe et qui porte encore les restes d'un repas qui a dû être servi voilà des centaines et des centaines d'années. L'air sec qui règne en ce lieu les a, pour ainsi dire, momifiés et, bien que tout cela ne soit guère appétissant, vous sentez maintenant votre estomac crier famine ! Possédez-vous un Médaillon d'Or ? Si tel est les cas, rendez-vous au **265**. Sinon, rendez-vous au **203**.

67

Malgré cette mésaventure, il n'est pas question d'abandonner votre équipement ! Vous recommencez donc votre escalade... et vous perdez à nouveau l'équilibre. Lancez deux dés. Si le résultat obtenu est inférieur ou égal à votre total d'HABILETE, rendez-vous au **63**. Sinon, vous retournez au **3**.

68

Le vieil homme vous attend au bout du passage rocailleux. Il vous félicite pour avoir vaincu les Panthères.
— Elles ne semblaient pas très intéressées par mes vieux os, ajoute-t-il, dans un ricanement inquiétant.
Vous commencez à vous méfier. Aussi jugez-vous plus prudent de marcher derrière lui, l'urne toujours serrée contre vous. Rendez-vous au **236**.

69

Vous jetez l'urne qui se brise sur le sol et, dans le même mouvement, vous vous élancez vers le porte. Lancez deux dés. Si le résultat obtenu est égal ou inférieur à votre total d'HABILETE, rendez-vous au **157**. Sinon, rendez-vous au **86**.

70

Il vous semble que les orbites vides de la tête de mort vous fixent, alors que vous franchissez la porte, ce qui vous fait quelque peu hésiter... mais après tout, vous avez été le témoin d'événements si étranges, dans cette pyramide ! Vous poursuivez donc votre chemin dans le corridor qui s'offre maintenant à vous, et qui se dirige vers le nord. Possédez-vous les deux parties de la Tablette de granite ? S'il en est ainsi, rendez-vous au **154**. Sinon, rendez-vous au **40**.

71

Avec précaution, vous saisissez l'œil. Mais à peine l'avez-vous en main, qu'un invraissemblable phénomène se produit : vous voyez l'œil, certes. Mais il vous est possible de voir, également, le plafond de la pièce ! Vous secouez la tête d'incrédulité tout en vous frottant les yeux de vos poings serrés pour chasser cette illusion due, sans l'ombre d'un doute à la fatigue. Cela va mieux, à présent. Prenant l'œil entre le pouce et l'index, vous l'approchez de votre visage pour mieux l'examiner... Vous voilà en pleine hallucination, maintenant ! Car, si vous voyez l'œil, vous voyez aussi votre visage ! ! ! Gabbad, les bandits, Kar-Thot et sa maudite pyramide vous ont fait perdre la raison... mais pourtant, vous avez déjà vécu tant et tant d'aventures, affronté tant et tant de dangers... En proie à la plus grande inquiétude, vous faites machinalement sauter l'œil au creux de votre main. Aussitôt, les murs de la pièce semblent se précipiter vers vous, puis s'éloigner, puis... Incroyable ! En l'espace d'une seconde vous comprenez que vous venez de découvrir un objet tout à fait extraordinaire : un Œil Magique capable de voir, et de vous transmettre ce qu'il voit. Un troisième œil, en quelque sorte. Dans le coffret se trouve également un gobelet contenant un Dé dont les six faces sont marquées d'un six. Vous pouvez emporter ce Dé, si vous le désirez. Et maintenant, qu'allez-vous faire de l'Œil ? Préférez-vous le fixer sur votre poitrine (rendez-vous au **291**), dans votre dos (rendez-vous au **201**) ou le ranger dans votre sac (rendez-vous au **185**) ?

72

Le corridor oblique vers la droite, puis il finit par déboucher dans une pièce vide, dont les murs sont faits de lourds blocs de granite. Après l'avoir examinée d'un rapide coup d'œil, vous vous dirigez vers la porte qui vous fait face quand, soudain, un étrange cliquetis vous fait arrêter net, le cœur battant. Au même moment, une forme commence à se matérialiser devant vous, plus exactement, à vos pieds... Et la terreur qui vous avait saisi fait place à la stupéfaction, lorsqu'apparaît, enfin, un squelette assis en tailleur, et qui est en train de jouer nonchalamment aux dés ! Si cette apparition ne vous dit rien qui vaille, vous vous précipitez vers la porte pour quitter cette pièce le plus rapidement possible. Rendez-vous alors au **162**. Mais si la curiosité l'emporte, vous pouvez attendre un peu pour voir ce que va faire le squelette. Rendez-vous dans ce cas au **194**.

73

Si vous possédez une Corde Magique, rendez-vous au **141**. Sinon, rendez-vous au **286**.

74

Vous prenez la coupe, ainsi qu'une pomme. Mais à peine ce fruit est-il entre vos mains qu'il se transforme en un serpent qui se tord en tous sens dans l'évidente intention de vous planter ses crocs dans le bras, alors que de la coupe jaillit un gaz mortel.

Lancez un dé. Si vous obtenez :
1 ou 2 : rendez-vous au **228**.
3 ou 4 : rendez-vous au **117**.
5 ou 6 : rendez-vous au **251**.

75

Passant sous la voûte, vous vous engagez dans un long corridor que vous suivez jusqu'à ce qu'il débouche dans une pièce vide. Sans ralentir votre allure, vous vous dirigez vers une porte située à l'opposé du corridor, lorsque des sons de flûte parviennent à vos oreilles, alors qu'un groupe de musiciens se matérialise peu à peu dans un coin de la pièce. La mélodie est si belle que vous ne ressentez aucun sentiment de crainte. Mieux encore, vous vous arrêtez et, fermant les yeux, vous vous laissez aller aux notes cristallines. Si vous possédez une Flûte, rendez-vous au **163**. Sinon, rendez-vous au **243**.

76

Au moment où vous approchez votre main, les Pièces d'Or disparaissent aussitôt pour se transformer en un nid grouillant de scorpions ! Si vos réflexes sont suffisamment rapides, vous réussirez à retirer votre main avant qu'ils ne vous piquent de leur dard. Pour le savoir, lancez deux dés. Si le résultat obtenu est inférieur ou égal à votre total d'HABILETE, rendez-vous au **250**. S'il est supérieur, rendez-vous au **264**.

77

De combien de Potions de Célérité disposez-vous ? Si vous en possédez deux, vous en donnez une à Gabbad. Rendez-vous ensuite au **293**. Si vous n'en possédez qu'une, rendez-vous au **196**.

78

Non sans mal, vous parvenez à dégainer votre épée. Mais il vous est extrêmement difficile de l'utiliser dans la position qui est la vôtre.

Lancez deux dés. Si vous obtenez :
2 : impossible de faire le moindre mouvement. La gueule du monstre s'approche lentement de vous et vous aspire. Vous êtes précipité dans un univers poisseux d'où vous ne reviendrez jamais. Votre aventure se termine ici ;
de 3 à 7 : pratiquement écrasé entre le mur et le corps rugueux du monstre, vous ne respirez qu'avec la plus

grande difficulté. Vous perdez 3 points d'ENDURANCE ;
de 8 à 12 : dans un mouvement désespéré, vous parvenez à enfoncer votre épée dans le corps élastique du Ver qui perd 3 points d'ENDURANCE.

Si vous êtes vainqueur, rendez-vous au **299**.

79

Vous saisissez le Sceptre et la Tablette. Le cœur battant, vous prenez votre propre Tablette de granite dans votre ceinture, et vous l'approchez de celle que vous venez de découvrir. Elles s'adaptent parfaitement ensemble ! Vous venez de reconstituer un élément des plus importants pour le succès de votre aventure, cela ne fait aucun doute. Après avoir rangé soigneusement les deux parties de la Tablette dans votre ceinture, vous vous apprêtez à examiner le Sceptre, lorsque subitement il s'évanouit dans votre main. Interloqué, vous levez alors les yeux pour constater que le pharaon a également disparu, ainsi que la table d'or ! C'est alors que, dans un déclic, la pierre dans laquelle est sculpté le soleil pivote, révélant un passage secret. Rendez-vous au **103**.

80

Les autres crocodiles tournoient autour du corps de celui que vous avez tué, et ils le déchiquettent avec voracité de leurs dents acérées. Vous en profitez pour ramer encore plus vite jusqu'à la plate-forme sur laquelle vous sautez sans demander votre reste. Derrière vous, vous entendez, le bruit de l'eau agitée par d'effroyables remous, ponctué par les claquements de mâchoires des sauriens qui achèvent de dévorer leur ancien compagnon. Allez-vous maintenant vous approcher du coffret qui se trouve au sommet de la petite pyramide (rendez-vous au **174**) ou préférez-vous contourner la construction pour gagner l'allée dallée menant à l'arche de pierre (rendez-vous au **249**) ?

81

A peine avez-vous franchi la porte de l'auberge, que vous êtes complètement assourdi par le vacarme produit par des instruments de percussion frappés avec violence. De plus, il y a tant de fumée, ici, que vous devez plisser les yeux pour tenter de distinguer quelque chose. Enfin, vous finissez par apercevoir, au fond de la salle, une scène sur laquelle un groupe de musiciens coiffés de turbans accompagnent de leurs rythmes frénétiques les mouvements d'une femme voilée qui exécute une danse pour le moins lascive. En se frayant un passage à travers la foule des spectateurs, Alkmar vous conduit jusqu'à une table située près de la scène où vous vous installez puis, d'un geste de la main, il commande à boire. Le serveur ne tarde pas à vous apporter ce qu'Alkmar a demandé, mais c'est à *vous* qu'il s'adresse pour être payé. Si vous avez la Pièce d'Or qu'il exige, rendez-vous au **133**. Sinon, rendez-vous au **55**.

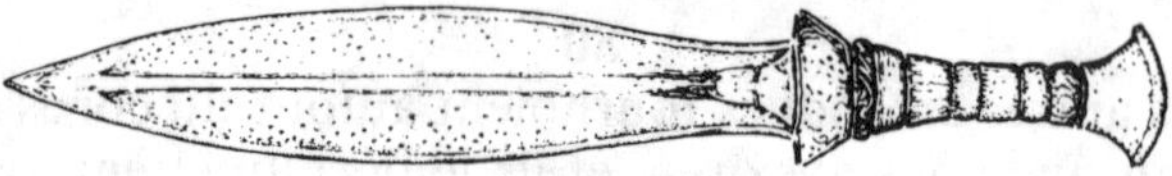

82

L'un des Scorpions plante son dard dans le dos de votre main avant que vous n'ayez eu le temps de la retirer. Vous sentez aussitôt le venin qu'il vous a injecté se répandre dans vos veines. Vous perdez 6 points d'ENDURANCE et, si vous êtes toujours vivant, rendez-vous au **275**.

81 *Un groupe de musiciens accompagnent de leurs rythmes frénétiques la danse d'une femme voilée.*

83

L'énorme créature se dresse vers vous, ouvrant sa gueule effrayante, prête à vous déchiqueter de ses innombrables dents.

MONSTRE
DE L'OASIS ENDURANCE : 15

Lancez deux dés. Si vous obtenez :
2 : le Monstre se jette sur vous et vous dévore avant même que vous n'ayez pu esquisser le moindre geste, mettant ainsi un terme à votre aventure ;
de 3 à 6 : le Monstre plante ses dents dans votre bras. Vous perdez 3 points d'ENDURANCE ;
de 7 à 12 : vous blessez le Monstre qui perd 3 points d'ENDURANCE.

Si vous sortez vainqueur de ce combat, rendez-vous au **5**.

84

Bientôt le couloir oblique vers le nord. Tout en admirant les fresques polychromes dont les murs sont recouverts, vous continuez à le suivre pendant quelque temps, jusqu'à ce qu'il tourne à angle droit dans la direction de l'ouest. Là vous vous arrêtez car, devant vous, dans le mur nord, vous venez de remarquer une ouverture creusée à hauteur des yeux, très certainement par des pilleurs de tombes. Si vous désirez vous en approcher pour voir ce qui se trouve derrière, rendez-vous au **161**. Mais si vous préférez poursuivre votre chemin vers l'ouest, rendez-vous au **193**.

85

Une large pierre horizontale surplombe l'arche qui se trouve sur votre droite. Vous en approchant, vous constatez qu'elle est entièrement sculptée : un groupe de musiciens y est représenté, jouant de la flûte devant des soldats qui exécutent des mouvements grossiers. En frissonnant, vous constatez que les traits de leurs visages sont complètement déformés, comme si ces hommes étaient pris sous le charme d'une musique maléfique. Si vous décidez de franchir cette voûte, rendez-vous au **75**. Mais si vous préférez vous diriger vers la voûte de gauche, rendez-vous au **197**.

86

Vous vous élancez du plus vite que vous le pouvez vers la porte qui se trouve la plus proche de vous, avant que la dalle de pierre ne la bloque complètement. Dans un bond désespéré, vous plongez dans l'étroite ouverture qui se ferme à grande vitesse. Malheureusement, vous n'avez pas été suffisamment rapide car la dalle arrive à hauteur du sol, et le bruit effroyable que vous entendez maintenant est celui de vos os qui sont broyés par l'énorme masse de pierre. Votre aventure se termine ici.

87

Vous vous levez d'un bond tout en dégainant votre épée. Aussitôt le vacarme qui régnait fait place à un silence de mort. Intrigués, Alkmar et son complice se retournent vers vous : votre air menaçant ne leur laisse pas le moindre doute quant à vos intentions. Aussi, d'un même geste tirent-ils de leur ceinture un long poignard à la lame recourbée. Vous allez devoir les combattre tous les deux en même temps.

ALKMAR	ENDURANCE : 6
VOLEUR	ENDURANCE : 6

Lancez deux dés. Si vous obtenez :
2 ou 3 : tous deux vous blessent avec leur poignard. Vous perdez 6 points d'ENDURANCE ;
4 à 6 : l'un d'eux brise la garde de votre épée et vous blesse. Vous perdez 3 points d'ENDURANCE ;
de 7 à 12 : vous portez un coup d'épée à l'un de vos adversaires, (à vous de choisir lequel) qui perd 3 points d'ENDURANCE.

Si au cours du combat, votre total d'ENDURANCE tombe au-dessous de 6, vous êtes vaincu et on vous jette dehors sans ménagement (rendez-vous au **144**). Mais si vous parvenez à vaincre l'un ou l'autre de vos adversaires, rendez-vous au **253**.

88

Le vieil homme s'arrête devant vous. Son visage est d'une blancheur inquiétante, et ses yeux sont profondément enfoncés dans leurs orbites.
— Vous êtes à la recherche du tombeau de Kar-Thot le Magnifique, le pharaon oublié, vous dit-il d'une voix sifflante. Je peux vous y conduire en échange d'un petit service. Comme vous pouvez le constater, je suis un homme âgé et bien faible, poursuit-il en levant ses bras maigres et frêles. Vous devrez prendre avec vous cette urne et la porter pour moi.
Sur ces mots, il vous montre une urne à moitié ensevelie dans le sable non loin de vous, et que vous n'aviez pas remarquée jusqu'alors. Vous réfléchissez à la proposition du vieil homme et, comme vous n'avez guère le choix, vous saisissez l'urne et vous vous mettez en route en suivant le vieil homme. Rendez-vous au **298**.

89

Vous vous mettez à courir le plus vite possible dans le passage, mais le bloc de rocher se rapproche de vous à chaque seconde qui passe. Lancez deux dés. Si la somme que vous obtenez est inférieure ou égale à votre total d'HABILETE, rendez-vous au **208**. Si elle est supérieure, rendez-vous au **44**.

90

Le long couloir que vous suivez à présent s'élève en pente douce. Bientôt, vous parvenez à la hauteur d'une porte située dans le mur de gauche. Si vous voulez ouvrir cette porte, rendez-vous au **17**. Sinon vous continuez tout droit, en passant sous une voûte sur laquelle est sculptée une tête de mort (rendez-vous au **70**).

91

Le Sphinx vous répond qu'il vous faudra pénétrer dans un petit temple qui fait face à la pyramide. Si vous désirez lui poser une autre question, déposez une Pièce d'Or dans le plateau à offrandes, et revenez au **280**. Sinon, rendez-vous au **275**.

92

Le Sphinx vous répond qu'il vous sera nécessaire de trouver l'autre partie de la Tablette de granite, une Corde Magique ainsi qu'un Bâton d'Energie. Si vous désirez lui poser une autre question, déposez une Pièce d'Or dans le plateau à offrandes, et revenez au **280**. Sinon, rendez-vous au **275**.

93

Une dernière fois vous plantez votre épée dans le corps couvert d'écailles du démon qui disparaît alors comme par magie, en poussant des sifflements perçants. Dans l'ahurissement le plus total, vous entendez les sifflements devenir de plus en plus faibles, jusqu'à ne plus se faire entendre. Il vous faut quelque temps pour reprendre vos esprits et, bien qu'il n'y ait plus trace de la présence du démon, vous vous engagez néanmoins avec la plus grande prudence sur le plan incliné. Enfin, vous atteignez la plate-forme. A chacune de ses extrémités débouche, sous une arche de pierre, un corridor. Devant vous, se trouve un autel et, derrière cet autel, la rampe se poursuit en une galerie plus étroite qui monte en pente douce. Vous avancez de quelques pas vers l'autel, mais vous faites vite une grimace de dégoût en découvrant, creusée dans sa surface, une petite niche grouillant de serpents qui s'enroulent autour de l'extrémité d'un levier encastré dans la pierre. Allez-vous essayer de saisir ce levier en évitant de vous faire mordre par les reptiles (rendez-vous au **258**), emprunter la galerie (rendez-vous au **240**), ou préférez-vous vous diriger vers la voûte de droite (rendez-vous au **85**) ou vers celle de gauche (rendez-vous au **197**) ?

94

Quelques pas après l'endroit où gît le cadavre, le couloir se termine en cul-de-sac, quoique l'on ait essayé de le poursuivre en creusant sa paroi. A terre, traînent un grand nombre de couffins pleins de gravats, ainsi que des pioches et des pelles grossières. Tout cela vous donne l'impression que ce chantier a été abandonné subitement. Mais voilà très certainement bien des siècles... L'homme, quant à lui, est mort il y a peu de temps. En effet, des profondes blessures causées sans nul doute par des poignards, s'écoulent encore des filets de sang. Une flûte a roulé non loin de sa main ouverte et s'est brisée en deux morceaux. Vous vous baissez pour la ramasser, et vous constatez alors qu'elle n'est nullement cassée, car les deux morceaux s'emboîtent parfaitement l'un dans l'autre. Par curiosité, vous la portez à vos lèvres et, aussitôt, une étrange musique s'en échappe. Si vous possédez une Corde Magique, rendez-vous au **171**. Sinon, rendez-vous au **287**.

95

Le venin pénètre dans vos veines et se répand dans votre corps. Vous êtes aussitôt pris de terribles vertiges, qui vous font chanceler, et vous vous effondrez comme une pierre sur le sol, sans connaissance. Vous ne vous réveillerez jamais plus. Votre aventure se termine ici.

96

Vous profitez de ce qu'Alkmar tourne la tête pour verser le contenu de la fiole dans son verre. Peu après il s'en saisit, et avale une bonne gorgée de son contenu. Et alors qu'il le repose devant lui, et se tourne vers vous pour vous parler, ses yeux deviennent vitreux et il s'effondre sur la table, en faisant entendre de bruyants ronflements. Levant les yeux vers la scène, vous voyez la danseuse vous adresser un signe discret. Les clients sont maintenant tous tournés vers vous et vous regardent, intrigués. Vous estimez qu'il est temps pour vous de quitter ce lieu. Vous sortez donc de l'auberge et vous vous retrouvez sur la place du bazar. Au bout de quelque temps, vous apercevez Alkmar qui en sort à son tour, en chancelant et en regardant autour de lui d'un air furieux. Il tient sa tête entre ses mains comme s'il souffrait d'un cruel mal de tête. Apparemment le contenu de la fiole n'était pas de son goût ! Si vous souhaitez retourner dans l'auberge, rendez-vous au **123**. Mais si vous préférez vous diriger vers les enfants qui jouent sur la place et parler avec eux, rendez-vous au **190**.

97

Au moment où vous arrivez à la hauteur des premiers palmiers de l'oasis, vous réalisez que l'eau que vous aviez cru apercevoir est en fait une sorte de matière gélatineuse. Vous vous penchez avec curiosité pour examiner cet étrange phénomène, mais vous faites aussitôt un bond en arrière en apercevant une gueule monstrueuse pourvue de milliers de dents aussi tranchantes que des lames de rasoir, surmontée de centaines d'yeux qui vous fixent d'un éclat glacial. Terrorisé, vous allez faire demi-tour pour fuir ce lieu maudit, lorsque soudain le monstre jaillit de son univers visqueux, et se précipite vers vous en écrasant tout ce qui se trouve sur son passage. Vous allez devoir affronter un effroyable adversaire. Néanmoins, il vous est possible de Fuir. A la condition, toutefois, d'avoir en votre possession une Potion de Célérité. Si vous n'en possédez qu'une seule dose et que, dans votre frayeur, vous l'utilisiez pour vous-même en laissant Gabbad faire face, seul, au Monstre de l'Oasis, rendez-vous au **107**. Si vous en possédez deux doses, vous pouvez en offrir une à votre compagnon. Rendez-vous dans ce cas au **115**. Enfin, si vous n'avez pas de Potion ou, si en possédant, vous vous sentez investi d'un courage touchant à l'inconscience, dégainez votre épée, et faites face à la créature (rendez-vous au **83**).

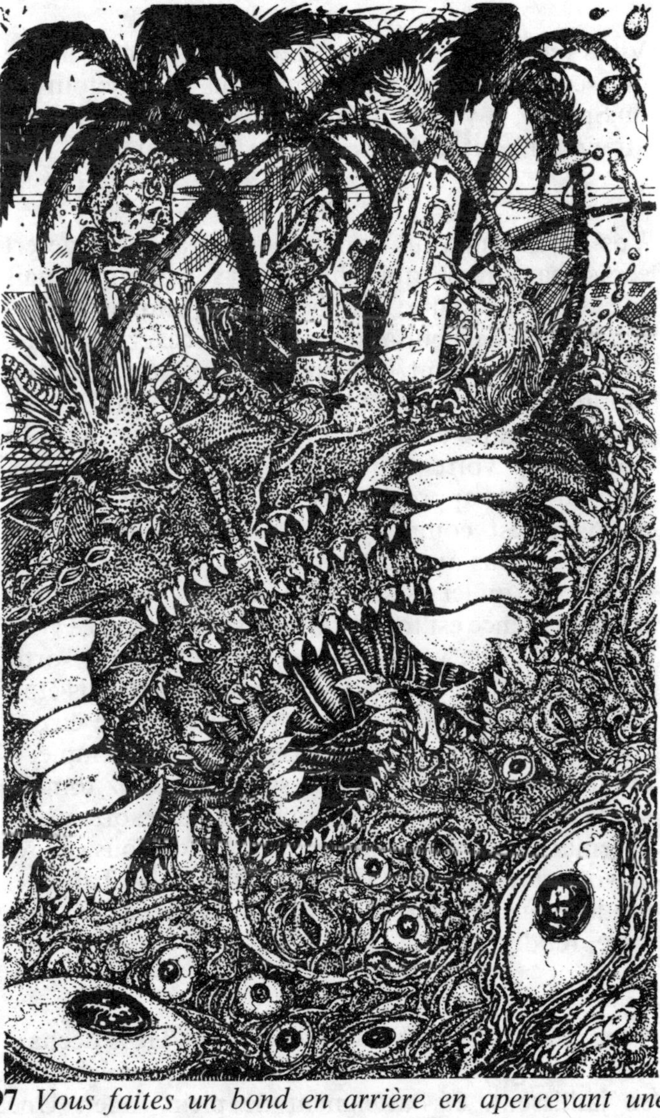

97 *Vous faites un bond en arrière en apercevant une gueule monstrueuse pourvue de milliers de dents aussi tranchantes que des lames de rasoir.*

98

Vous retirez votre main avant que les Scorpions ne puissent l'atteindre. En jurant, vous vous détournez du Sphinx, et vous rejoignez le vieil homme qui vous attend au bout de l'allée. Rendez-vous au **275**.

99

Vos ravisseurs vous conduisent à travers le désert écrasé par l'implacable chaleur du soleil, sans jamais ralentir leur allure. Au bout de quelques heures d'une marche épuisante, vous apercevez, au loin, une caravane dont les chameaux se découpent en ombres chinoises sur le bleu intense du ciel. Et vous ne pouvez faire autrement que de la croiser, si vous poursuivez votre route dans la même direction. Vous vous en approchez, et vous constatez que cette caravane est composée des mêmes nomades que ceux que vous avez croisés dans la ville. A la différence près qu'ici ils sont vraiment chez eux, et que leur apparence est tout à fait redoutable. L'idée vous vient alors que vous pourriez peut-être vous sortir du mauvais pas dans lequel vous êtes, s'il vous était possible de provoquer une altercation entre eux et les bandits qui vous accompagnent. Par exemple, il est tout à fait probable que si vous laissiez tomber sur le sable la Tablette de granite de telle sorte qu'ils la remarquent, ils ne manqueront pas de vous suivre. Si vous vous décidez à vous séparer de la Tablette, rendez-vous au **140**. Mais si vous préférez n'en rien faire, rendez-vous au **49**.

100

Vous pointez le Bâton vers le démon. Trois décharges d'énergie, éclairs fulgurants d'un bleu éclatant, en jaillissent, et l'atteignent de plein fouet. Une fumée noirâtre et nauséabonde s'échappe des atroces brûlures que vous venez de lui infliger, mais il lui reste, néanmoins, encore assez de forces pour se traîner jusqu'à vous. C'est un adversaire affaibli, mais dont il faudra vous méfier, qui se dresse maintenant devant vous.

LA FROIDE
HORREUR
DE LA NUIT ENDURANCE : 6

Lancez deux dés. Si vous obtenez :
2 : la langue du monstre siffle vers votre visage autour duquel elle s'enroule comme la lanière d'un fouet. Le venin dont elle est imprégnée vous brûle atrocement. Mais bientôt vous cesserez de souffrir à tout jamais... votre aventure se termine ici ;
de 3 à 7 : le démon vous donne un violent coup de queue qui vous projette contre un mur, et vous fait perdre 4 points d'ENDURANCE ;
de 8 à 12 : vous portez un coup d'épée au démon qui perd 3 points d'ENDURANCE.

Si vous êtes vainqueur, rendez-vous au **93**.

101

Vous prenez votre élan, et vous sautez par-dessus les statues en espérant atteindre sans dommage le centre de la salle. Lancez deux dés. Si le résultat obtenu est égal ou inférieur à votre total d'HABILETE, rendez-vous au **204**. Sinon, rendez-vous au **244**.

102

—Très bien, dit-il. Demain, tu nous conduiras à la tombe. Mais prends bien garde de ne pas nous tromper !
Puis il claque des doigts, ordonnant ainsi à l'un de

ses hommes de resserrer vos liens. Quelques instants plus tard, vous vous retrouvez seul, dans l'obscurité. Heureusement, vous pouvez remuer suffisamment les mains pour saisir la Tablette, sous le tapis, et la remettre dans votre ceinture. Rendez-vous au **282**.

103

Vous vous hissez vers l'entrée du passage dans lequel vous pénétrez, et vous vous retrouvez dans un corridor bas de plafond, dont les murs sont entièrement recouverts de hiéroglyphes peints. A l'extrémité de ce corridor, vous apercevez une ouverture d'où s'échappe une lueur dorée. Vous êtes près du but, vous en avez maintenant la certitude. Devant vous ne peut se trouver que la chambre funéraire du puissant pharaon Kar-Thot. Lentement, vous vous approchez, en retenant presque votre respiration. Rendez-vous au **242**.

104

Vous vous enfuyez à toutes jambes, quelque peu encombré par l'urne que vous serrez contre votre poitrine. Cependant, vous atteignez vite l'entrée du temple. En jetant un coup d'œil derrière vous, vous voyez le vieil homme qui se précipite vers l'endroit où vous vous trouvez, le visage crispé de fureur et de haine. Il n'y a pas à hésiter : vous pénétrez à l'intérieur du temple, et vous vous retrouvez dans une salle circulaire dont il vous est possible de voir les détails grâce à un rayon de soleil qui passe par une ouverture ménagée dans son plafond. La salle est de dimension moyenne, et tout le mur qui l'entoure est recouvert de peintures représentant les différents dieux qui étaient adorés à l'époque pharaonique. Vous ne pouvez vous empêcher de frissonner en remarquant que de nombreux squelettes sont étendus sur le sol. La plupart d'entre eux tiennent encore une épée à la main, et tous semblent avoir été percés par les nombreuses flèches qui sont dispersées à terre. Cependant, ce qui est le plus remarquable en ce lieu est une statue représentant la tête d'un pharaon, qui est posée sur un socle de pierre qui se dresse au centre exact de la salle. Car, au milieu de son front, et juste entre ses deux yeux, est incrustée une énorme pierre précieuse. Le vieil homme, quant à lui, ne semble pas encore avoir remarqué l'entrée du temple. Vous l'entendez, en effet, pousser des jurons, dehors, et vous promettre un sort peu agréable... Vous pouvez examiner le mur de cette salle, à la recherche d'une issue secrète. Rendez-vous, dans ce cas, au **180**. Mais si vous préférez attendre jusqu'à midi, ce qui ne saurait tarder, rendez-vous au **15**.

105

— Si je ne me trompe pas, c'est vous qui avez découvert cette pierre dans le désert ? Et probablement non loin du tombeau du pharaon Kar-Thot le Magnifique ?
Vous lui tendez la Tablette, et il s'en saisit d'une main tremblante. Il l'examine pendant un instant puis, hochant la tête, il vous dit :
— En effet, c'est moi qui ait trouvé cette Tablette. Je m'en souviens comme si c'était hier, et pourtant cela remonte à bien des années. Je l'ai vendue à un marchand voilà dix ans, ou peut-être douze, car je craignais qu'elle ne soit maudite. Mon fils est mort dans le désert alors que nous regagnions la ville après l'avoir trouvée. Peu de temps après, ma femme a été assassinée par des pillards dans une ruelle proche, et il me serait impossible de vous dire combien de fois ma boutique a été cambriolée par la suite. J'ai

donc décidé de me débarrasser de ce morceau de granite maléfique. Et vous me croirez si vous le voulez, mais du jour où je l'ai vendu, ma vie a repris son cours normal. Et maintenant la pierre est revenue chez moi, et les sombres souvenirs qui y sont rattachés également...

Pendant de longues minutes, le regard du vieil homme se perd dans le lointain. Puis, en haussant les épaules, il reprend :

— La façon dont Aktan — mon fils — et moi-même avons trouvé cette Tablette est tout à fait étrange. Nous avions fouillé pendant une semaine la Grande Nécropole du désert à la recherche d'antiquités, sans succès. Et nous nous apprêtions à regagner Arksor, lorsque je décidais de pousser un peu plus à l'ouest, vers le domaine des Esprits, un lieu qui inspire une telle crainte que les nomades eux-mêmes ne s'y risquent pas. C'est en nous dirigeant vers ce lieu maudit que nous avons découvert l'homme. Il gisait sur le sable, brûlé par le soleil. Mais surtout — et comment avait-il pu se traîner là dans cet état, et d'ailleurs d'où pouvait-il venir ? — tous les os de son corps étaient comme broyés ! Le plus extraordinaire, c'est qu'il était encore en vie... Lorsque nous nous sommes approchés de lui, il était en plein délire. Il prononçait des mots sans suite, dans lesquels il était question du Pharaon Kar-Thot, et de la malédiction qu'il n'avait pu vaincre pour avoir été incapable de découvrir l'autre partie d'une tablette. Ainsi, cet homme avait pénétré dans la tombe de Kar-Thot ! Dans l'excitation la plus grande, je me penchai vers lui et lui posai mille questions. Mais je ne pus en apprendre plus, car il perdit alors connaissance. Il est mort quelques instants plus tard, sans revenir à lui. Dans sa main, il tenait la Tablette de granite que voici. Après lui avoir donné une sépulture som-

maire, nous avons suivi les traces sombres du sang qu'il avait perdu sur le sable, et après environ un kilomètre, nous sommes arrivés en vue d'une immense dune. Mais, alors que rien ne le laissait prévoir, une terrible tempête de sable nous a enveloppés. Jamais je n'ai revu mon fils depuis ce moment... La tempête a duré plus de deux jours et c'est un miracle si, à moitié mort de soif, j'ai pu retrouver le chemin de la ville. O, combien j'ai été stupide de raconter ces événements à mon retour : car des bandits, des pilleurs de tombes en ont eu connaissance, et c'est pour s'emparer de la Tablette qu'ils ont rendu ma vie misérable pendant des mois et des mois. Vous comprenez, maintenant, pourquoi je me suis débarrassé d'elle.
Gabbad semble soudain se tasser.
— Je suis vieux, maintenant, dit-il, et plus rien ne me retient ici. Mon frère, le père du garçon qui vous a mené jusqu'ici, s'occupera de la boutique. Quant à moi, je vais vous accompagner dès demain dans le désert. Si vous voulez bien l'accepter, je serai votre guide. Ainsi, cela permettra à ma pauvre femme et mon malheureux fils de trouver, par-delà la mort, la paix qu'ils méritent. Nous devons faire vite, car toute la ville sait pourquoi vous êtes venu. Et croyez-moi, vous n'êtes pas le seul qui soit intéressé par Kar-Thot. Les pilleurs de tombes sont nombreux, et rien ne saurait les arrêter. Rien.
Vous le mettez alors au courant de ce qui vient de vous arriver, et il vous écoute, l'air sombre, en secouant de temps à autre la tête. Puis, après vous avoir donné quelques fruits et un verre de vin, il vous montre une paillasse posée dans un coin de la pièce :
— Prenez quelque repos, car nous allons partir dès le lever du soleil. Rendez-vous au **297**.

106

Bien que l'inscription soit rédigée dans la plus ancienne langue du Khem, vous parvenez à la déchiffrer. « Si tu passes cette porte, tu apprendras que ton seul ennemi est toi-même » lisez-vous. Si vous décidez de franchir la porte, rendez-vous au **252**. Mais si vous préférez gravir l'escalier, rendez-vous au **256**.

107

D'un trait, vous buvez le contenu de la fiole. Aussitôt, vous vous sentez devenir d'une extrême légèreté et, alors que vous vous éloignez en courant de ce lieu maudit, c'est tout juste si vos pieds touchent le sol. Derrière vous, Gabbad pousse d'atroces hurlements, et un sentiment de remords vous envahit. Mais vous n'aviez pas le choix : c'était lui, ou vous... Vous poursuivez ainsi votre course jusqu'à ce que la soif assèche tellement votre gorge qu'il vous devient presque pénible de respirer. Aussi, vous vous laissez tomber sur le sable. Si vous avez de l'eau, rendez-vous au **237**. Sinon, rendez-vous au **272**.

108

D'un geste sec, l'apparition lance son dé sur le sol. Quatre ! Jetez un dé à votre tour. Si le résultat obtenu est égal ou supérieur à quatre, rendez-vous au **47**. Sinon, rendez-vous au **278**.

109

Vous continuez votre course, titubant maintenant quelque peu sous le poids de l'urne. En haletant, vous dépassez le vieil homme qui marche toujours du même pas nonchalant. Les Panthères sont sur vos talons. Vous essayez d'accélérer l'allure : en vain ; elles sont beaucoup plus rapides que vous ! Tout à coup, vous ressentez une atroce douleur dans votre dos : l'un des félins vient de vous labourer les chairs d'un puissant coup de griffes. Vous perdez 3 points d'ENDURANCE et, si vous êtes toujours vivant, rendez-vous au **284**.

110

En enjambant les squelettes allongés sur le sol, vous vous approchez du mur que vous suivez, tout en passant vos mains sur toute sa surface. Tout à coup, vos doigts rencontrent une légère aspérité qui s'enfonce aussitôt en produisant un léger déclic. A l'évidence, vous venez de déclencher un mécanisme secret. Mais il ne produit pas l'effet que vous recherchiez car aucune porte dérobée ne s'ouvre. Les sifflements que vous entendez derrière vous sont ceux d'une volée de flèches qui vous transpercent de part en part. Votre aventure se termine ici.

111

Soudain le sol se dérobe sous vos pieds, et vous êtes précipité dans le vide. Vous atterrissez brutalement au fond d'une fosse qui, heureusement pour vous, est recouvert d'une épaisse couche de poussière qui a amorti votre chute. Votre torche est à vos côtés et, par chance, elle ne s'est pas éteinte. Vous la saisissez et, l'élevant au-dessus de votre tête, vous examinez le lieu où vous vous trouvez. Mais à peine avez-vous jeté un coup d'œil autour de vous, que vous êtes saisi d'horreur : la poussière qui vous a sauvé la vie est tout ce qui reste des squelettes des nombreux aventuriers et pilleurs de tombes qui, comme vous venez de le faire, sont tombés dans l'un des pièges de la pyramide. Quelques crânes vous fixent de leurs orbites vides, heureux, semble-t-il, d'avoir trouvé un nouveau compagnon. Votre aventure se termine ici.

112

Votre épée traverse de part en part le corps du nomade, qui meurt sur le coup dans un bain de sang. Sans hésiter, vous le fouillez, et vous récupérez les 2 Pièces d'Or que vous lui aviez données. Puis vous vous tournez de toute part pour essayer de vous repérer. Rendez-vous au **37**.

113

Vous marchez ainsi pendant encore environ une heure, et vous finissez par arriver au bout d'une allée bordée de sphinx de pierre. L'un d'entre eux vous semble particulièrement remarquable : mesurant à peu près deux mètres de haut, il a la poitrine entièrement gravée de hiéroglyphes, et une coupe de pierre est posée entre ses deux pattes. Une coupe à offrandes, sans aucun doute, car elle déborde presque de Pièces d'Or qui brillent dans le soleil. Si vous voulez déposer une Pièce d'Or dans la coupe, rendez-vous au **130**. Mais vous pouvez également vous désintéresser de ce sphinx, et vous diriger vers l'extrémité de l'allée. Rendez-vous, dans ce cas, au **31**.

114

Il semble que maintenant vous ne pouvez plus faire autre chose que de vous diriger vers le groupe d'enfants qui jouent dans un coin de la place. Rendez-vous au **190**.

115

Vous tendez rapidement la fiole à Gabbad qui vous la redonne après avoir bu une dose de Potion. Vous portez vous-même la fiole à vos lèvres et, après en avoir avalé le contenu, vous faites tous deux demi-tour, et vous vous mettez à courir. C'est extraordinaire : vous êtes aussi rapide qu'une gazelle des

113 *Le sphinx a la poitrine entièrement gravée de hiéroglyphes, et une coupe de pierre est posée entre ses pattes.*

sables, et le vieil homme vous suit sans la moindre difficulté, un large sourire éclairant son visage. Le monstre est loin, très loin derrière vous, lorsque vous cessez votre course. Devant vous se trouve maintenant une allée bordée de sphinx à l'extrémité de laquelle se dresse une petite pyramide. Derrière la pyramide s'élève une gigantesque dune. A vos côtés, Gabbad pousse un cri de surprise et, vous saisissant par l'épaule, il vous déclare d'une voix surexcitée que c'est ici que les traces de sang les avaient conduits, lui et son fils, bien des années auparavant. Rendez-vous au **56**.

116

Vous continuez à marcher dans le désert, mais bien vite vous en venez à la conclusion que vous vous êtes complètement égaré. La nuit tombe maintenant et, saisi d'un profond découragement, vous vous laissez choir sur le sable. Il vous paraît tout à fait évident que vous ne pourrez résister très longtemps au soleil demain... si toutefois les damnés du domaine des Esprits vous permettent de revoir le jour ! Vous êtes perdu dans ces sombres pensées lorsque, soudain, il vous semble entendre une espèce de sifflement, non loin de vous. D'un bond vous vous remettez sur vos pieds, et c'est les yeux grands ouverts d'étonnement que vous voyez un homme âgé, revêtu d'une sorte de tunique en peau de léopard, se diriger vers vous !
— Bonsoir, étranger ! Je sais que vous êtes venu de très loin pour trouver la tombe de Kar-Thot le Magnifique. Je peux vous y conduire. A la condition, toutefois, que vous portiez pour moi cette urne qui est bien trop lourde pour un homme de mon âge. D'un signe de la tête, il vous montre quelque chose à demi enfoui dans le sable. Quelque chose que vous n'aviez pas remarqué... et vous pourriez jurer qu'il

n'y avait rien, ici, quelques instants auparavant ! Il s'agit d'une urne, en effet. Mais si tout cela est pour le moins étrange, que faire d'autre que d'accepter sa proposition ? Vous acquiescez et, après avoir saisi l'urne à bras le corps, vous vous mettez en marche pour suivre votre guide qui s'enfonce dans le désert à vive allure. Il vous faut faire des efforts pour rester à sa hauteur. Combien de temps allez-vous pouvoir continuer ainsi ?... Rendez-vous au **298**.

117

D'un geste, vous vous débarrassez de la coupe. Si vous avez acheté dans l'échoppe d'Ahmed un Gant à l'épreuve des morsures de serpent, rendez-vous au **152**. Sinon, rendez-vous au **51**.

118

D'une voix grave, le Sphinx vous révèle que midi est l'heure favorable pour pénétrer dans la tombe. Si vous voulez lui poser une nouvelle question, mettez une Pièce d'Or dans la coupe, et retournez au **130**. Sinon, rendez-vous au **14**.

119

Vous quittez la maison de jeux dans un silence profond et menaçant, vous attendant à chaque instant à recevoir un poignard en plein dos. Néanmoins, vous vous retrouvez sur la place du bazar sans avoir été inquiété. Qu'allez-vous faire, maintenant ? Vous pouvez vous diriger vers le groupe d'enfants qui jouent dans un coin de la place (rendez-vous au **190**), ou vous mêler aux spectateurs qui entourent le cracheur de feu (rendez-vous au **210**).

120

Après avoir hésité, vous sortez la Tablette de granite de votre ceinture, et vous la lui tendez. Aussitôt, l'un des gardes fait quelques pas vers vous, et vous l'arrache des mains d'un geste sec. Puis, avec un certain respect, il la donne à l'homme qui est assis face à vous. Les yeux brillants, un sourire de triomphe sur ses lèvres serrés, l'homme tourne et retourne la Tablette dans ses mains. Puis il fait un signe de tête dans votre direction, et les gardes se précipitent sur vous, vous empoignent, et vous traînent à travers la pièce. La drogue vous a trop affaibli pour que vous puissiez réagir, et c'est totalement impuissant que vous les voyez soulever une trappe découvrant une fosse dans laquelle ils vous précipitent. Vous tombez lourdement, alors que la trappe se referme dans un bruit sourd au-dessus de votre tête. Dans l'obscurité, vous entendez ramper et siffler tout autour. Bientôt, d'immondes corps visqueux se glissent sous votre armure, vous entourent bras et jambes. Mais rassurez-vous, tous les reptiles qui peuplent cette fosse sont extrêmement venimeux, et vos souffrances seront de courte durée. Ainsi se termine la vie de ceux qui ont été trop audacieux pour croire que Kar-Thot se rendrait sans combattre...

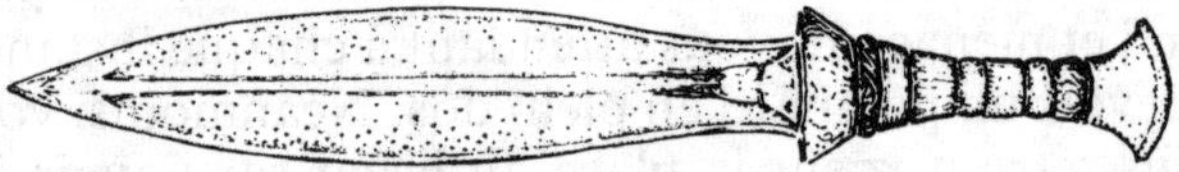

121

Vous serrez les dents et, au prix d'un terrible effort, vous parvenez à garder les yeux ouverts et à résister à l'effet de la drogue. Voulez-vous toujours confondre Alkmar et son complice ? Si telle est votre décision, rendez-vous au **87**. Mais si vous préférez agir comme si vous n'aviez pas remarqué le manège de votre compatriote, rendez-vous au **28**.

122

Après avoir déplié le Tapis Volant, vous vous installez dessus. Aussitôt, il s'élève dans les airs, et vous emporte vers l'extrémité de la salle, en survolant les statues. Il vous dépose devant la porte que vous poussez, et vous vous retrouvez sur le seuil d'une immense pièce, une salle où étaient servis les festins à en juger par la grande table qui y est disposée, et sur laquelle se trouvent encore les restes pétrifiés d'un repas vieux, à n'en pas douter, de centaines et de centaines d'années. En jetant des regards inquiets autour de vous, vous pénétrez dans cette salle que vous traversez en direction d'une nouvelle porte, sans vous attarder (n'oubliez pas de rayer le Tapis de votre Feuille d'Aventure). Rendez-vous au **62**.

123

Vous vous dirigez vers l'auberge et, après avoir soulevé le rideau qui en masque l'entrée, vous y pénétrez. Dans un coin de la salle, vous remarquez une table libre, et vous vous y installez pour observer tout à loisir les nombreux clients qui se trouvent en cet endroit. Il s'est écoulé peu de temps lorsqu'un nomade revêtu du lourd manteau de laine blanche des gens du désert, s'installe à vos côtés. Pendant quelques minutes, il vous examine du coin de l'œil sans prononcer un mot puis, se tournant franchement vers vous, il vous propose de vous servir de guide jusqu'au domaine des Esprits riche, selon lui, en antiquités. Comme vous ne lui répondez pas, il penche la tête vers vous, et chuchote :

— Je peux, comme je vous l'ai dit, vous conduire au domaine des Esprits. Mais peut-être êtes-vous plus intéressé par le tombeau de Kar-Thot ?...

Et, posant la main sur votre bras, il vous assure qu'il sait où se trouve la tombe, et qu'il peut vous la montrer si vous lui donner 2 Pièces d'Or. Si vous possédez suffisamment d'or, et si cet homme vous inspire confiance, rendez-vous au **134**. Mais si vous n'avez pas 2 Pièces d'Or, ou si vous préférez ne pas accepter sa proposition, rendez-vous au **10**.

124

Vous descendez les marches de l'escalier, le vieil homme sur vos talons. Bientôt, vous arrivez devant une porte de cuivre brillant d'une lueur bleue sous la lumière de votre torche. Votre compagnon est maintenant à vos côtés et, d'un geste, il vous ordonne d'ouvrir la porte qui grince effroyablement en tournant sur ses gonds. Vous vous trouvez sur le seuil d'une salle de dimensions moyennes, comportant un autel de pierre dressé en son centre, et une autre porte située à l'opposé de celle que vous venez de franchir. A en juger par les traces sombres que vous voyez sur l'autel — du sang, à n'en pas douter — cette salle devait être un lieu de sacrifices. En hésitant, vous faites quelques pas en avant et, aussitôt, dans un bruit sourd, deux blocs de pierre glissent du plafond, devant les portes, les obstruant irrémédiablement. En un éclair, vous réalisez que vous n'avez que quelques secondes pour essayer de vous glisser sous le bloc le plus proche de vous, avant qu'il ne touche le sol. Allez-vous néanmoins rester dans cette salle (rendez-vous au **138**), ou préférez-vous vous précipiter sous le bloc de pierre, ce que vous pouvez faire sans lâcher l'urne (rendez-vous au **69**), ou après vous en être débarrassé (rendez-vous au **189**) ?

125

De par leur souplesse et leur puissante musculature, les Panthères sont des animaux redoutables. Sans parler de leurs terribles crocs et griffes ! De plus, il vous faudra combattre seul, car Gabbad est bien trop vieux pour vous être d'une aide quelconque. Vous les affrontez l'une après l'autre.

PANTHERE ENDURANCE : 9

Lancez deux dés. Si vous obtenez :
2 ou 3 : les deux Panthères bondissent sur vous et vous portent de violents coups de griffes qui vous font perdre 6 points d'ENDURANCE ;
de 4 à 7 : l'une des Panthères vous plante cruellement ses crocs dans le bras, et vous perdez 3 points d'ENDURANCE ;
de 8 à 12 : vous portez un coup d'épée à la première Panthère qui perd 3 points d'ENDURANCE.

Dès que vous serez parvenu à tuer la première Panthère, rendez-vous au **23**.

126

Vous avez à peine esquissé un pas en direction de l'entrée, que l'homme projette un énorme bras dans votre direction. Sans très bien réaliser ce qui vous arrive, vous sentez une forte poigne qui vous saisit par le cou, et qui vous propulse vers la place, sur le sol de laquelle vous atterrissez brutalement. Vous perdez 2 points d'ENDURANCE. Derrière vous, le tenancier claque ses mains l'une contre l'autre et, après avoir tourné les talons, il disparaît dans son auberge. Si vous êtes toujours en vie, rendez-vous au **114**.

127

Comme par magie, deux dés d'ivoire sont apparus au creux de la paume de l'homme. Avec une certaine inquiétude vous vous asseyez en face de lui, alors que tous les autres joueurs vous entourent avec des murmures excités.

Lancez deux dés. Si vous obtenez :
2 : vous êtes accusé de tricherie. Rendez-vous au **187** ;
de 3 à 6 : pas de chance. Vous venez de perdre votre mise de 2 Pièces d'Or. Si vous voulez continuer la partie, sortez 2 autres Pièces de votre bourse, et lancez à nouveau les dés. Sinon, rendez-vous au **48**.
de 7 à 11 : vous venez de gagner 4 Pièces d'Or (deux fois votre mise). Si vous désirez continuer la partie, mettez à nouveau 2 Pièces d'Or sur la table, et lancez les dés. Mais si vous préférez arrêter de jouer, rendez-vous au **119** ;
12 : joli coup. Ce coup de dés vous rapporte 10 Pièces d'Or. Vous pouvez continuer la partie, si vous le désirez. Dans ce cas, placez 2 Pièces d'Or devant vous, et jetez les dés. Mais si vous préférez vous retirer de la partie, rendez-vous au **119**.

128

A présent que vous avez les mains libres, il vous est tout à fait facile d'escalader le mur. Avec souplesse, vous sautez de l'autre côté, dans une cour obscure. Le seul bruit que vous pouvez entendre est celui de l'eau d'une fontaine, et vous allez vous diriger dans cette direction lorsque, soudain, il vous semble apercevoir une forme qui bouge dans l'ombre. Sans perdre un instant, vous dégainez votre épée au moment où un adversaire, dont vous ne pouvez distinguer les traits, bondit sur vous, un gourdin à la main. Dans le combat qui va suivre, cet adversaire se rendra si vous le touchez deux fois.

ADVERSAIRE
INVISIBLE ENDURANCE : 8

Lancez deux dés. Si vous obtenez :
de 2 à 6 : vous recevez un coup de gourdin qui vous fait perdre 3 points d'ENDURANCE ;
de 7 à 12 : vous blessez votre adversaire qui perd 3 points d'ENDURANCE.

Dès que vous aurez blessé deux fois l'homme au gourdin, rendez-vous au **191**.

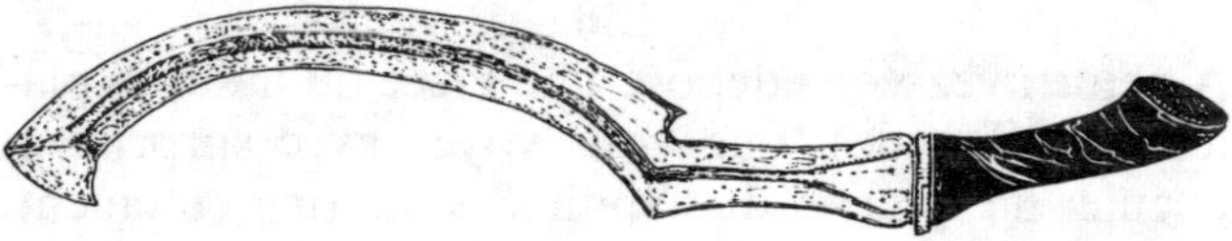

129

En haletant, vous escaladez l'immense dune de sable, vous demandant pourquoi, diable, le vieil homme vous fait faire un tel exercice. Mais, alors que vous avez parcouru environ la moitié de la distance qui vous sépare de son sommet, vous remarquez, à votre grande surprise, l'étroite ouverture d'un corridor de pierre qui semble s'enfoncer au plus profond de cette montagne de sable. Sans dire un mot, le vieil homme vous fait signe de vous y engager, ce que vous faites après avoir allumé une torche. Le sol du corridor est recouvert d'une épaisse couche de sable, et il descend en pente douce en faisant de nombreux méandres. Enfin, vous en atteignez l'extrémité qui débouche dans une salle à moitié comblée par le sable qui s'est écoulé du corridor. En tendant votre torche, vous constatez que tous les murs sont recouverts de hiéroglyphes peints, alors que devant vous se dessinent les premières marches d'un escalier qui s'enfonce dans l'obscurité. Sur votre gauche se trouve une porte. Vous vous laissez glisser sur le sable qui descend en pente douce vers le centre de la salle et, vous retournant, vous constatez avec inquiétude que le vieil homme, quant à lui, semble le survoler, les yeux rougeoyant dans la demi-obscurité. D'un geste autoritaire, il vous montre l'escalier. Si vous décidez de vous y engager, rendez-vous au **124**. Mais si vous préférez vous précipiter vers la porte, rendez-vous au **137**.

130

A peine avez-vous déposé une Pièce d'Or sur le plateau à offrandes, que vous voyez avec surprise la gueule de pierre du Sphinx s'ouvrir lentement. Alors, une voix sourde s'en échappe :

— L'offrande que tu viens de me faire te donne le droit de me poser une question. Demande-moi ce que tu désires, et je te répondrai. Sinon, tais-toi à tout jamais !

Ce ne sont pas les questions qui vous manquent ! Allez-vous lui demander :

S'il sait quelque chose à propos de la malédiction du pharaon ? Rendez-vous au **205**

Quel est le chemin le plus sûr pour pénétrer dans la pyramide ? Rendez-vous au **61**

S'il y a une heure favorable pour pénétrer dans la pyramide ? Rendez-vous au **118**

S'il existe des objets particuliers qui vous seraient utiles pour mener à bien votre aventure ? Rendez-vous au **34**

129 *Le vieil homme semble survoler le sable, les yeux rougeoyant dans l'obscurité.*

131

Enfin votre torche brille à nouveau. Mais au moment où vous alliez reprendre votre marche, vous sentez une atroce douleur dans votre dos, comme si vous veniez de recevoir un violent coup de griffes. Vous perdez 6 points d'ENDURANCE et, si vous êtes toujours viant, rendez-vous au **57**.

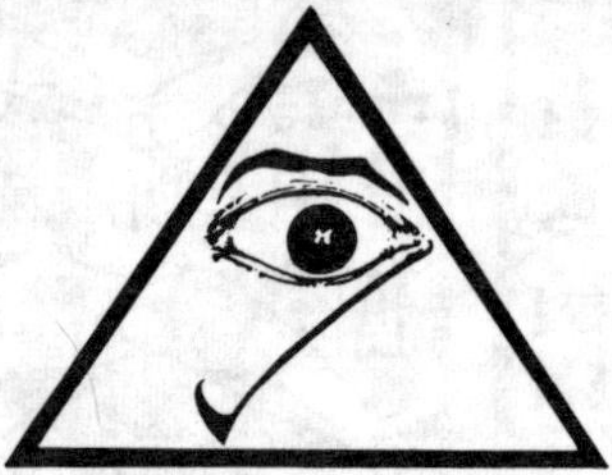

132

Il vous semble que le corridor se met soudain à tourner autour de vous, ce qui vous fait perdre l'équilibre. Dans une semi-inconscience, vous sentez que vous êtes transporté dans un autre lieu. Rendez-vous au **147**.

133

Sans dire un mot, vous tendez au serveur une Pièce d'Or, et il s'éloigne aussitôt. Vous reportez votre attention sur la danseuse qui se contorsionne maintenant au centre de la pièce, avec des mouvements qui ne manquent pas d'un certain charme. Vous constatez qu'à chaque fois qu'elle se dirige vers un spectateur, celui-ci lui donne une Pièce d'Or. Lentement, elle s'approche de la table où vous êtes assis, et ne tarde pas à vous faire face. Allez-vous, vous aussi, lui donner une Pièce d'Or (rendez-vous au **143**), ou préférez-vous l'ignorer (rendez-vous au **217**) ?

134

Après avoir empoché vos deux Pièces d'Or, le nomade se lève en vous faisant signe de le suivre. Il vous précède le long de sombres ruelles derrière les murs desquels des chiens aboient furieusement au bruit de vos pas. L'air, dans cette partie de la ville, est empuanti par une odeur de végétation en décomposition, et le bazar est maintenant loin derrière vous. Les maisons se font rares et bientôt vous traversez une espèce de terrain vague qui devient de plus en plus sabloneux. Vous vous dirigez, sans le moindre doute, vers le désert et, en effet, au bout de peu de temps le peu de végétation disparaît, et vous distinguez l'immensité de sable qui s'étend devant vous. Votre guide n'en ralentit pas pour autant son allure. Mais alors que vous parvenez au sommet d'une dune, vous le voyez se retourner subitement et bondir sur vous. Agrippé l'un à l'autre, vous dévalez la dune en roulant. D'un geste sec, vous parvenez à vous libérer de l'étreinte de votre adversaire, et vous vous remettez vite sur vos pieds. Mais le nomade s'est redressé lui aussi, et il tient un long poignard dans l'une de ses mains. Vous avez la possibilité de Fuir. Rendez-vous dans ce cas, au **37**. Mais vous pouvez, également, dégainer votre épée, et engager le combat.

NOMADE ENDURANCE : 9

Lancez deux dés. Si vous obtenez :
de 2 à 6 : le nomade vous porte un coup de poignard qui vous fait perdre 3 points d'ENDURANCE ;
de 7 à 12 : vous blessez votre adversaire qui perd 3 points d'ENDURANCE.

Si vous êtes vainqueur, rendez-vous au **112**.

135

Vous avalez d'un trait la Potion et, aussitôt, vous vous élevez de plus d'un mètre dans les airs. Et c'est sans la moindre difficulté que vous traversez ainsi la salle, pour vous retrouver sain et sauf devant la porte. Rendez-vous au **66**.

136

Paralysé d'horreur, vous voyez votre double s'effondrer lentement sur le sol. Mais lui est mort, alors que vous êtes bien vivant ! Vous vous penchez sur le corps pour le fouiller, et vous constatez avec surprise qu'il porte un équipement en tout point identique au vôtre. Vous possédez donc maintenant en double tous les objets qui sont inscrits sur votre Feuille d'Aventure ainsi que les Pièces d'Or (n'oubliez pas de modifier votre Feuille d'Aventure en ce sens). Vous pouvez maintenant quitter cette pièce, en vous dirigeant vers l'escalier. Rendez-vous au **256**.

137

Peut-être seriez-vous plus rapide si vous aviez les mains vides ! Si vous décidez de vous débarrasser de l'urne, rendez-vous au **41**. Mais si vous préférez la garder avec vous, rendez-vous au **290**.

En atteignant le sol, les deux énormes pierres font un bruit sourd qui vous glace le sang. Maintenant, vous êtes pris au piège de cette salle avec votre compagnon qui, lentement, se tourne vers vous. Sans dire le moindre mot il vous fixe d'un regard perçant et, aussitôt, vous êtes agité d'un tel tremblement que l'urne s'échappe de vos mains et se brise en tombant sur le sol. Alors, le vieil homme pousse un effroyable hurlement, et son corps s'évanouit peu à peu devant vous. De ce qui reste de l'urne s'élève maintenant une fumée noirâtre qui s'épaissit rapidement. La fumée atteint à présent le plafond et la terreur vous gagne lorsque vous réalisez qu'elle prend, peu à peu, la forme d'un ignoble démon grimaçant qui vous fixe en tendant ses immenses mains griffues vers vous. Vous êtes chez lui ; dans la salle où, chaque année une victime lui est offerte en sacrifice. Et c'est vous qui l'avez amené ici ! A cette pensée, des larmes amères vous brûlent les yeux. Mais il est trop tard pour avoir le moindre regret, car le monstre se penche sur vous et vous enveloppe de ses émanations mortelles. Votre aventure se termine ici.

139

Sans dire un mot, Gabbad s'agenouille devant le corps et retrousse le manteau qui le recouvre pour dénuder son avant-bras sur lequel est tatoué un immonde serpent. Gabbad se tourne alors vers vous l'air préoccupé.

— On dirait que la bande d'assassins dont vous m'avez parlé est toujours sur vos traces, dit-il. Nous devons faire vite si nous voulons trouver la tombe avant qu'eux-mêmes ne la découvrent.

Sans perdre un instant de plus, vous reprenez votre chemin. Et bientôt les sables du désert vous entourent de tous côtés. Durant deux journées entières vous marchez péniblement dans le désert. Enfin, vous arrivez en vue d'une petite chaîne montagneuse, au milieu de laquelle s'ouvre une gorge. En vous en approchant, vous constatez en frisonnant que de nombreux ossements humains en parsèment le fond. Votre provision d'eau est presque terminée, et il serait prudent de la renouveler au plus vite. A quelque distance, sur votre gauche, il vous semble apercevoir une oasis : un bouquet de palmiers entourant la surface miroitante d'une étendue d'eau ! Si vous voulez vous diriger vers cette oasis, rendez-vous au **158**. Mais vous pouvez également vous engager sans attendre dans la gorge. Rendez-vous, dans ce cas, au **36**. Enfin, si vous possédez un Tapis Magique, il vous est possible de l'utiliser maintenant. Rendez-vous alors au **4**.

140

Après deux jours d'une marche épuisante dans le désert, vous arrivez en vue d'une chaîne montagneuse de faible hauteur que vous franchissez en empruntant une gorge rocheuse qui la traverse. Parvenu à l'extrémité de cette gorge, vous apercevez une petite pyramide, derrière laquelle s'élève une énorme dune de sable. Plus loin se trouve une allée bordée de sphinx, et plus loin encore, il vous semble distinguer les palmiers d'une oasis. Le chef des bandits s'approche alors de vous, et vous fait signe d'entrer dans un petit bâtiment de pierre que vous n'aviez pas remarqué jusqu'alors. Il fait face à la pyramide, et très certainement il doit s'agir d'un temple. Mais à peine en avez-vous franchi le seuil, qu'une volée de flèches part en sifflant dans votre direction. Heureusement vous avez eu le réflexe de vous jeter à terre et vous évitez de justesse les projectiles, mais ce n'est pas le cas des bandits qui tous, à l'exception de leur chef qui a eu le même réflexe que vous, sont transpercés de part en part par les traits qui ont été expédiés sans doute par des adversaires cachés derrière une dune. Les jambes tremblantes, vous vous relevez tout en vous époussetant, et vous vous précipitez à l'intérieur du bâtiment. Vous vous retrouvez dans une salle circulaire dont le mur est recouvert de peintures polychromes représentant les anciens dieux du Khem. L'endroit est éclairé par une ouverture ménagée dans le plafond qui laisse passer un rayon de soleil. Au centre de la salle, sur un socle de pierre, est posée une tête de pharaon sculptée dans le granite. Au milieu de son front, et entre ses deux yeux, est incrustée une énorme pierre précieuse. Sur le sol sont étendus des squelettes. Ils portent encore de vieilles armures de cuir, et la plupart tiennent une épée dans leur main osseuse. Derrière vous le chef des bandits pousse des jurons sonores : il est aux prises avec un homme revêtu d'un grand manteau blanc, à n'en pas douter l'un des nomades de la caravane ! Il faut en profiter : vite, vous vous précipitez vers l'un des squelettes, et vous frottez vos liens contre la lame de son épée. Bientôt vous êtes libre !

Saisissant l'épée, vous vous tournez vers les deux hommes qui se battent, pour voir celui qui porte le manteau blanc tituber, puis s'effondrer sur le sol, en lâchant un objet qu'il tenait dans une main. La Tablette de granite ! Il ne vous faut qu'une seconde pour vous en emparer. Le chef des bandits a aperçu votre geste et, l'épée en avant, il bondit sur vous. A ce moment précis, le rayon de soleil frappe en plein la pierre incrustée dans la tête sculptée, baignant la salle tout entière d'une lumière éblouissante. Dans le mur, un bloc de pierre a glissé, révélant l'entrée d'un sombre corridor. Vous vous y précipitez, suivi par votre adversaire qui y pénètre juste avant que la pierre ne reprenne sa place. L'obscurité est complète, et vous restez tous deux sans faire le moindre mouvement. Soudain, vous entendez une sorte de grattement suivi par une étincelle, et bientôt la flamme d'une torche vous permet d'apercevoir la face grimaçante du bandit qui, lentement, s'approche de vous avec l'air bien décidé d'en terminer une fois pour toutes. Il vous est impossible de Fuir, et vous devez donc mener ce combat à son terme.

BANDIT ENDURANCE : 9

Lancez deux dés. Si vous obtenez :
de 2 à 6 : vous êtes blessé, et vous perdez 3 points d'ENDURANCE ;
de 7 à 12 : vous blessez votre adversaire qui perd 3 points d'ENDURANCE.

Si vous êtes vainqueur, rendez-vous au **9**.

141

Vous portez la Flûte à vos lèvres, mais avant même que vous ne commenciez à souffler dedans, une merveilleuse mélodie s'en échappe. Soudain votre sac semble s'animer, et vous voyez, avec la plus grande stupéfaction, la Corde Magique que vous avez prise aux pilleurs de tombes s'élever, droit en l'air, jusqu'à ce que son extrémité atteigne le plafond. Puis, cessant de s'agiter, elle reste ainsi aussi rigide qu'un morceau de bois, et semble suffisamment solide pour supporter votre poids. Si vous décidez de grimper à cette corde, rendez-vous au **271**. Mais vous pouvez également revenir sur vos pas pour explorer l'autre partie du corridor. Rendez-vous alors au **238**.

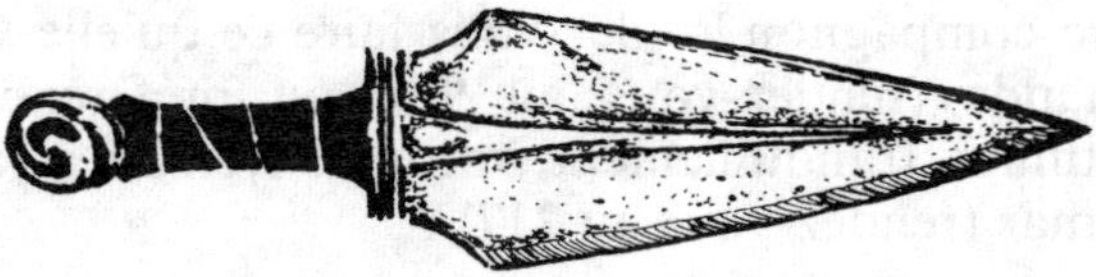

142

Vous laissez tomber l'urne sur le sable, mais elle se brise en tombant sur l'arête d'un rocher. Aussitôt, une fumée noirâtre et nauséabonde s'en échappe, prenant du volume au fur et à mesure qu'elle s'élève dans les airs. En un instant elle s'est transformée en un immonde démon dont la face ricannante se penche maintenant vers vous. Les Panthères se sont applaties sur le sable en feulant et, lentement, elles reculent. Soudain, elles bondissent ensemble comme des ressorts et, faisant demi tour, elles disparaissent entre les rochers. Le vieil homme, quant à lui, vous regarde d'un air de profonde méchanceté. Puis, son corps semble devenir transparent, et il s'évanouit sans laisser la moindre trace. Vous êtes seul, à présent, face au démon, et vous ne pouvez rien faire contre lui. Peu à peu, il vous enveloppe de ses émanations mortelles. Votre aventure se termine ici.

143

Vous prenez une Pièce d'Or dans votre bourse et, lorsqu'elle tend vers vous son bras aux bracelets d'or cliquetants pour s'en saisir, vous sentez que sa main laisse tomber quelque chose au creux de votre paume. Vous attendez qu'elle se soit éloignée, et vous examinez alors ce qu'elle vient de vous donner : une petite fiole. Avec surprise, vous jetez un regard interrogateur à la danseuse qui, tout en continuant son manège, vous montre d'un léger signe de tête le verre d'Alkmar. De toute évidence, elle désire que vous versiez le contenu de la fiole dans le vin de votre compagnon ! Allez-vous faire ce qu'elle vous demande (rendez-vous au **96**), ou préférez-vous continuer tranquillement votre conversation avec Alkmar (rendez-vous au **217**) ?

144

Vous reprenez peu à peu vos esprits. Vous êtes étendu sur le sol de terre battue de la place et, en portant la main à votre bourse, vous constatez qu'elle est vide. Tout votre or a disparu ! En jurant, vous vous relevez. Vous pouvez retourner à l'auberge, si vous le désirez (rendez-vous au **285**) ou, si vous pensez que cela ne vous servirait à rien, vous pouvez également vous diriger vers le groupe d'enfants qui jouent dans un coin de la place (rendez-vous au **190**).

145

Au moment où vous arrivez à la hauteur du coude, vous vous retrouvez face à face avec deux pilleurs de tombes qui en débouchent ! Ils portent un turban autour de la tête, et ne sont revêtus que d'une espèce de pagne serré à la taille par une ceinture dans laquelle est glissé un long poignard à la lame courbe.

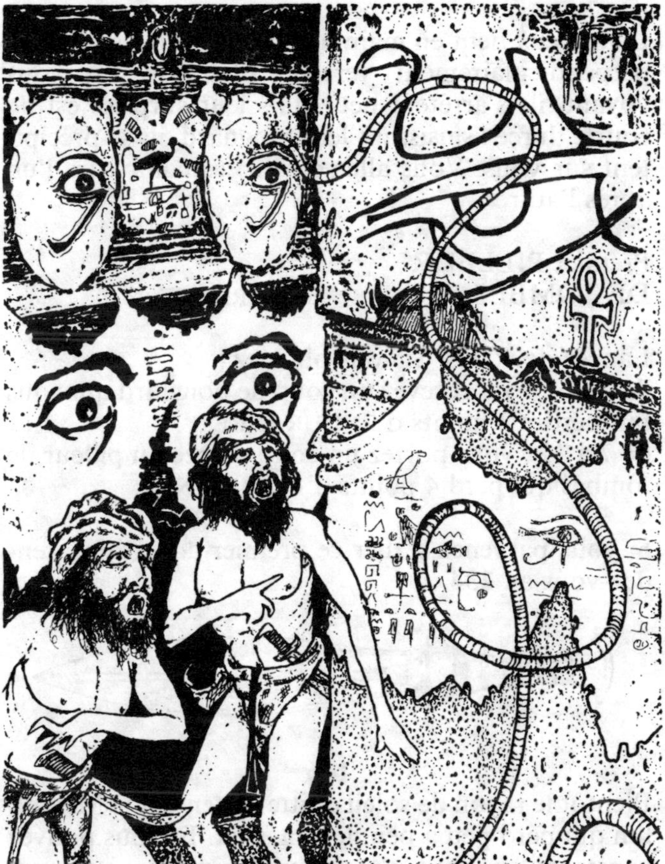

145 *L'un des pilleurs de tombes tient en main une corde... qui est dressée perpendiculairement vers le plafond !*

L'un d'eux tient en main une corde... qui est dressée perpendiculairement vers le plafond ! En vous voyant, ils s'arrêtent net. Mais leur surprise est de courte durée : saisissant leur poignard, ils se précipitent sur vous. Vous allez devoir les combattre l'un après l'autre.

Premier PILLEUR
DE TOMBES ENDURANCE : 8

Lancez deux dés. Si vous obtenez :
de 2 à 6 : vous recevez un coup de poignard qui vous fait perdre 3 points d'ENDURANCE ;
de 7 à 12 : vous portez un coup d'épée au pilleur de tombes qui perd 4 points d'ENDURANCE.

Si vous parvenez à tuer ce premier adversaire, rendez-vous au **234**.

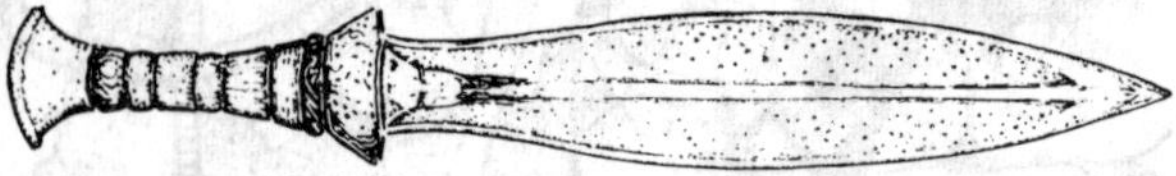

146

Bientôt le rayon de soleil quitte lentement le Médaillon qui perd peu à peu de son éclat. Et vous pouvez constater que tout n'était qu'illusion : les pommes ont en effet repris leur apparence réelle : celle d'un nid grouillant de serpents venimeux ! Le Médaillon, quant à lui, est bien réel, et vous pouvez vous en emparer, si vous le désirez. Mais alors, il serait plus sage d'essayer de le faire glisser au bout de votre épée... N'oubliez pas de le noter sur votre Feuille d'Aventure. Vous pouvez à présent quitter cette salle, en vous engageant dans un corridor qui se dirige vers l'ouest. Rendez-vous au **84**.

147

Vous vous trouvez maintenant dans une immense salle, dont le plafond est supporté par de gigantesques colonnes. Loin au-dessus de votre tête, une étroite ouverture laisse passer la lumière du soleil. A l'extrémité de la salle, un plan incliné monte vers une plate-forme. A chaque bout de cette plate-forme s'ouvre une porte, alors que, faisant face au plan incliné lui-même, vous pouvez distinguez une ouverture, sans doute le début d'un corridor. Un détail retient particulièrement votre attention : le sol de la salle est entièrement percé de trous de faible diamètre. Prudemment, vous approchez la pointe de votre épée de l'un de ces orifices, et aussitôt un aspic noir en jaillit et se dirige vers vous en sifflant épouvantablement. D'un coup de talon, vous écrasez la tête du reptile, mais vous frissonnez en réalisant qu'un reptile de ce genre doit surgir à chaque fois que l'on marche trop près de l'un des trous ! Et cependant, si vous voulez découvrir la chambre mortuaire de Kar-Thot, il vous faut absolument traverser la salle... Vous pouvez, bien entendu, courir du plus vite que vous le pouvez en direction du plan incliné, en priant le ciel pour ne pas avoir affaire à un trop grand nombre de ces reptiles (rendez-vous au **177**). Mais peut-être possédez-vous un objet qui pourrait vous être, dans ce cas précis, de la plus grande utilité (rendez-vous au **21**) ?

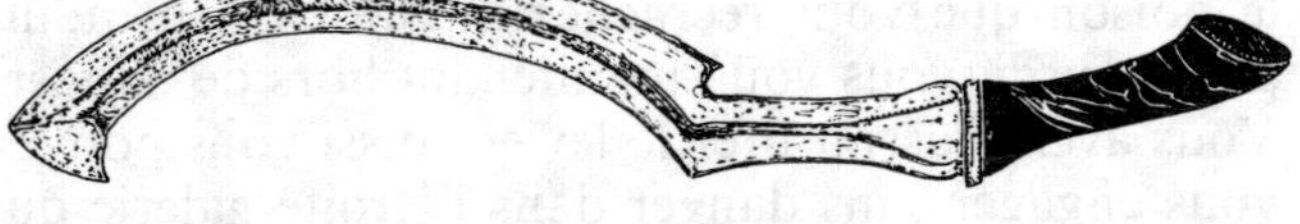

148

Vous portez la Flûte à vos lèvres, mais avant même que vous ne commenciez à souffler dedans, une mélodie s'en échappe. Aussitôt, la Corde Magique se dresse perpendiculairement vers le plafond. Totalement abasourdi par ce phénomène, vous levez les yeux, et vous apercevez, exactement à l'extrémité de la Corde, le cartouche de Kar-Thot gravé dans la pierre. La Corde semble suffisamment rigide et solide pour supporter votre poids. Vous pouvez donc y grimper, si vous le désirez (rendez-vous au **271**). Mais il vous est également possible de faire demi-tour pour aller explorer l'autre passage (rendez-vous au **238**).

149

C'est avec une certaine crainte que vous considérez le crâne de pierre sculpté au-dessus de l'entrée du corridor. Néanmoins vous poursuivez votre chemin, tout en prêtant la plus grande attention, pour déceler les éventuels pièges qui pourraient avoir été tendus ici. Si vous possédez la Tablette de granite (la Tablette entière), gravée des symboles pharaoniques, rendez-vous au **53**. Mais si tel n'est pas le cas, rendez-vous au **111**.

150

Vous sentez le venin de l'aspic qui lentement s'écoule dans vos veines mais, sans perdre votre sang-froid, vous appliquez vos lèvres sur la plaie, et vous aspirez le poison que vous recrachez aussitôt. Bien qu'un peu étourdi, vous voilà maintenant hors de danger. Vous avez réussi à tirer le levier, aussi vous pouvez vous engager sans danger dans l'étroite galerie qui se poursuit en faisant de nombreux méandres, et en montant d'une façon assez abrupte pour, finalement, déboucher dans une salle d'audience. Rendez-vous au **186**.

151

Non sans mal, vous parvenez à vous dégager. Derrière vous, le vieil homme a maintenant disparu, mais votre situation n'en est pas des plus brillantes. Soudain, vous apercevez un anneau scellé dans l'une des dalles du sol, non loin d'un rouleau de corde. Sans hésiter, vous saisissez l'anneau, et vous tirez de toutes vos forces. La dalle se soulève peu à peu, découvrant une ouverture suffisamment grande pour que vous puissiez vous y glisser. En vous penchant, vous constatez que cette ouverture surplombe un corridor orienté nord-sud. Vous attachez alors l'une des extrémités de la corde à l'anneau et, vous laissant glisser dans l'ouverture, vous prenez pied dans le corridor obscur. Si vous possédez une torche, il serait certainement judicieux de l'allumer ! Rendez-vous au **283**.

152

Le serpent projette sa tête en avant, et plante ses crocs dans le dos de votre main. Heureusement, le Gant vous a bien protégé. D'un geste de dégoût, vous vous débarassez du reptile qui s'écrase sur le sol dans un bruit mou, et disparaît dans l'obscurité sans demander son reste. Rendez-vous au **146**.

153

Vous avalez d'un trait la Potion et, à votre grand étonnement, vous vous élevez peu à peu au-dessus du sol. Un léger mouvement vers l'avant et, flottant dans l'espace, vous traversez la salle les pieds à une dizaine de centimètres au-dessus des redoutables cavités. Bientôt, l'effet de la Potion cesse, et vous reprenez doucement pied sur le sol (n'oubliez pas de rayer cette Potion de votre Feuille d'Aventure). Rendez-vous au **200**.

154

Devant vous, le couloir tourne à angle droit vers la gauche. Alors que vous vous en approchez, la flamme de votre torche vacille sous l'effet d'un violent courant d'air provenant de devant vous : vous êtes près du but, près de la chambre funéraire, vous en avez la certitude ! Tout à coup, dans un immonde bruit de succion, une masse blafarde glisse du plafond, et tombe à quelques pas de vous : un Ver géant aveugle bloque complètement le couloir... En proie à la plus grande terreur, vous faites demi-tour pour vous enfuir, mais sans doute avez-vous actionné un mécanisme secret sans vous en rendre compte car, dans un grincement d'enfer, un mur de pierre descend lentement dans le couloir, dressant bientôt une barrière infranchissable. Vous êtes pris au piège, et vous n'avez d'autre possibilité que de combattre le Ver géant.

VER GEANT ENDURANCE : 15

Lancez deux dés. Si vous obtenez :

2 : totalement paralysé par l'effroi, vous ne pouvez rien faire pour vous défendre. Le monstre ouvre lentement sa gueule, et votre aventure s'achèvera un peu plus loin, dans son appareil digestif ;

de 3 à 5 : le Ver vous pousse contre le mur. Dans cette position, il vous est extrêmement difficile d'utiliser votre épée. Rendez-vous au **78**, mais auparavant, notez soigneusement le total d'ENDURANCE de la créature ;
de 6 à 12 : vous parvenez à porter un coup d'épée au Ver géant qui perd 3 points d'ENDURANCE.

Si vous êtes vainqueur, rendez-vous au **299**.

155

La chaleur devient de plus en plus insupportable dans cet espace à l'air confiné. Midi ne va pas tarder, mais les bandits qui vous entourent vous regardent avec de plus en plus de méfiance. A l'évidence, ils se demandent maintenant si vous savez vraiment comment pénétrer dans la tombe. Soudain, la salle resplendit d'un éclair de lumière aveuglant : un rayon de soleil, passant par l'ouverture du plafond, vient de frapper en plein la pierre précieuse incrustée dans la statue. En poussant un cri de douleur, vos gardes mettent les mains devant leurs yeux. Mais comme vous vous doutiez un peu d'un phénomène de ce genre, vous avez eu la sagesse de fermer les yeux et, les rouvrant, vous voyez qu'une partie du mur est en train de glisser, révélant une ouverture vers laquelle vous vous précipitez, non sans avoir auparavant subtilisé une épée à l'un des squelettes. Malheureusement pour vous, le chef des bandits a vu votre manège, et il s'est précipité à votre suite, bondissant dans l'ouverture juste avant qu'elle ne se referme dans un claquement sec. Vous êtes maintenant dans l'obscurité la plus totale, retenant votre souffle. Après quelques instants d'un silence pour le moins tendu, vous entendez une espèce de grattement suivi d'une gerbe d'étincelles et, bientôt, une petite flamme commence à vaciller non loin de vous et devient vite la lueur jaunâtre d'une torche. L'épée en avant, votre adversaire se précipite sur vous. Il vous est impossible de Fuir, et donc vous devez mener ce combat à son terme.

BANDIT ENDURANCE : 9

Lancez deux dés. Si vous faites :
de 2 à 6 : vous êtes blessé, et vous perdez 3 points d'ENDURANCE ;
de 7 à 12 : vous portez un coup de votre épée à votre adversaire qui perd 3 points d'ENDURANCE.

Si vous êtes vainqueur, rendez-vous au **9**.

156

En surmontant votre dégoût, vous plongez la main dans le nid de serpents grouillants, et vous saisissez le levier. L'un des reptiles, cependant, plante ses crocs dans votre poignet. Vous perdez 6 points d'ENDURANCE et, si vous êtes toujours vivant, rendez-vous au **220**.

157

Vous plongez sous le bloc de pierre, et vous arrivez à franchir l'étroite ouverture une seconde avant qu'il ne frappe le sol dans un sourd grondement, emprisonnant définitivement le vieil homme. En essuyant la sueur qui trempe votre front, vous remontez l'escalier jusqu'à la pièce dont le sol est recouvert de sable et, de retour en ce lieu, vous vous dirigez vers la porte que vous aviez remarquée. Elle s'ouvre sans difficulté sur une salle de dimension moyenne pleine de sarcophages ouverts dans lesquels reposent des momies. Scellé dans une dalle du sol, vous remarquez un anneau et, non loin de lui, un rouleau de corde. Saisissant l'anneau, vous le tirez et, lorsque vous vous penchez au-dessus de l'ouverture que vous venez ainsi de découvrir, vous apercevez un corridor orienté dans la direction nord-sud. Sans hésiter, vous attachez l'une des extrémités de la corde à l'anneau, et vous vous laissez glisser dans ce corridor. Là, vous allumez une torche. Rendez-vous au **283**.

158

L'oasis paraît accueillante, d'autant plus que les palmiers se balancent sous une petite brise qui vous promet une halte rafraîchissante après la dure marche que vous venez d'accomplir dans le désert. A vos côtés, Gabbad semble moins optimiste. Mais vous ne prêtez aucune attention à ses marmonnements dans lesquels il semble être question d'un domaine des Esprits peuplé d'âmes damnées et de monstres. Cependant, un détail vous laisse quelque peu perplexe : une trace de pas se dirige vers l'eau, mais aucune n'en revient... Qu'allez-vous faire ? Allez-vous prendre le risque de poursuivre votre route sans eau, en longeant la gorge (rendez-vous au

164), ou préférez-vous rester dans l'oasis pour y prendre quelque repos (rendez-vous au **97**) ?

159

En longeant les murs afin de vous tenir le plus éloigné possible de ce bâton à l'aspect menaçant, vous atteignez l'autre extrémité de la pièce, et vous ouvrez la porte. Le spectacle qui s'offre alors à vous vous fait pousser un cri de surprise : en effet, la salle sur le seuil de laquelle vous vous tenez, est pleine d'une véritable armée de statues de serviteurs et de soldats d'environ un mètre de haut ! Et il y en a tant, qu'elles sont serrées les unes contre les autres de telle sorte qu'il est totalement impossible de traverser la pièce sans en renverser un grand nombre. Et quelque chose vous dit que ce ne serait d'ailleurs pas une très bonne idée d'agir ainsi ! Si vous possédez une Potion de Lévitation ou un Tapis Volant, vous pouvez vous en servir maintenant. Rendez-vous, dans le premier cas, au **216**, ou au **122**, dans le second cas. Mais si vous ne possédez rien de cela, préparez-vous à sauter ! Au milieu de la salle, se trouve en effet un espace libre : vous pouvez donc bondir jusqu'à cet espace, puis ensuite atteindre la porte devant laquelle ne se trouve aucune statue grâce à un deuxième saut. Rendez-vous au **244**.

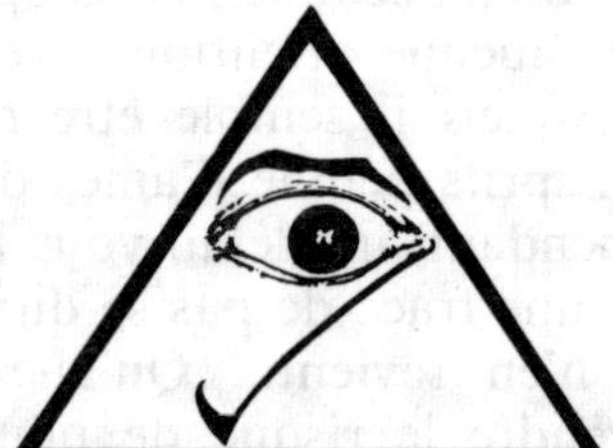

160

Le pilleur de tombe gît à vos pieds. A ses côtés, la corde est toujours dressée vers le plafond. Vous la saisissez, et c'est avec le plus grand étonnement que vous constatez qu'elle est aussi rigide qu'un morceau de bois, et qu'il vous serait tout à fait possible d'y grimper ! Ou, plutôt, que vous auriez pu y grimper : car elle vient de reprendre l'apparence d'une banale corde. Ces mécréants l'ont certainement volée à quelqu'un qui errait comme vous le faites dans ce monde souterrain. C'est vrai... vous aviez oublié que l'un des voleurs disait à son compagnon que l'homme jouait de la flûte lorsqu'ils l'avaient tué... Vous pouvez emporter cette corde avec vous, si vous le désirez. N'oubliez pas, dans ce cas, de l'inscrire sur votre Feuille d'Aventure (Corde Magique). Rendez-vous au **179**.

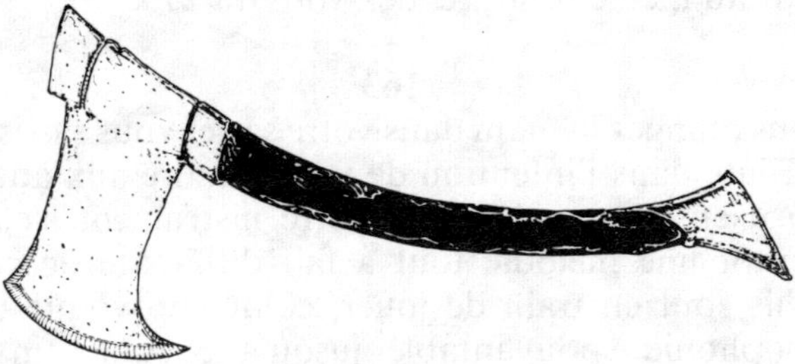

161

Vous vous dressez sur la pointe des pieds, et vous écarquillez les yeux, la torche haute, pour essayer de distinguer quelque chose. La lumière émise par votre torche est faible, mais cependant, la pièce qu'elle éclaire resplendit maintenant d'une intense lueur dorée. En effet, cette pièce déborde d'un énorme bric-à-brac... mais quel bric-à-brac ! Des meubles recouverts de fines plaques d'or, des roues de chariots, des statuettes d'or pur, incrustées de pierres précieuses, un énorme sarcophage, en or également, entièrement sculpté. Un peu plus loin, vous pouvez voir deux gros scorpions qui ont été taillés dans deux rubis et, posé devant leurs pinces, un coffret ouvert contenant une pierre magnifique, de couleur bleue, en forme d'œil. Vous pouvez, si vous le désirez, pénétrer dans cette pièce (rendez-vous au **296**). Mais si vous le préférez, vous pouvez également poursuivre votre chemin dans le corridor, vers l'ouest (rendez-vous au **193**).

162

Un froid glacial vous saisit, alors que vous n'êtes plus qu'à quelques pas de la porte. Le squelette vient de vous jeter un sort mortel. Lancez deux dés. Si le résultat que vous obtenez est égal ou inférieur à votre total de PSI, rendez-vous au **261**. S'il est supérieur au même total, rendez-vous au **278**.

163

Vous plongez la main dans votre sac et vous saisissez la Flûte dans l'intention de vous joindre aux autres musiciens. Cependant, de votre instrument s'élève bientôt une mélodie tout à fait différente de celle qu'ils sont en train de jouer, ce qui provoque une cacophonie épouvantable jusqu'à ce que, finalement, ils s'évanouissent totalement. Votre Flûte cesse alors de jouer, et vous constatez avec surprise que vous êtes seul, au beau milieu de la pièce où règne un calme absolu. En frissonnant, vous comprenez que vous avez bien failli être ensorcelé par des esprits, à un point tel que vous aviez même perdu tout souvenir de ce qui vous a conduit dans cette pyramide. Sans perdre un instant de plus, vous vous précipitez vers la porte faisant face au corridor. Rendez-vous au **90**.

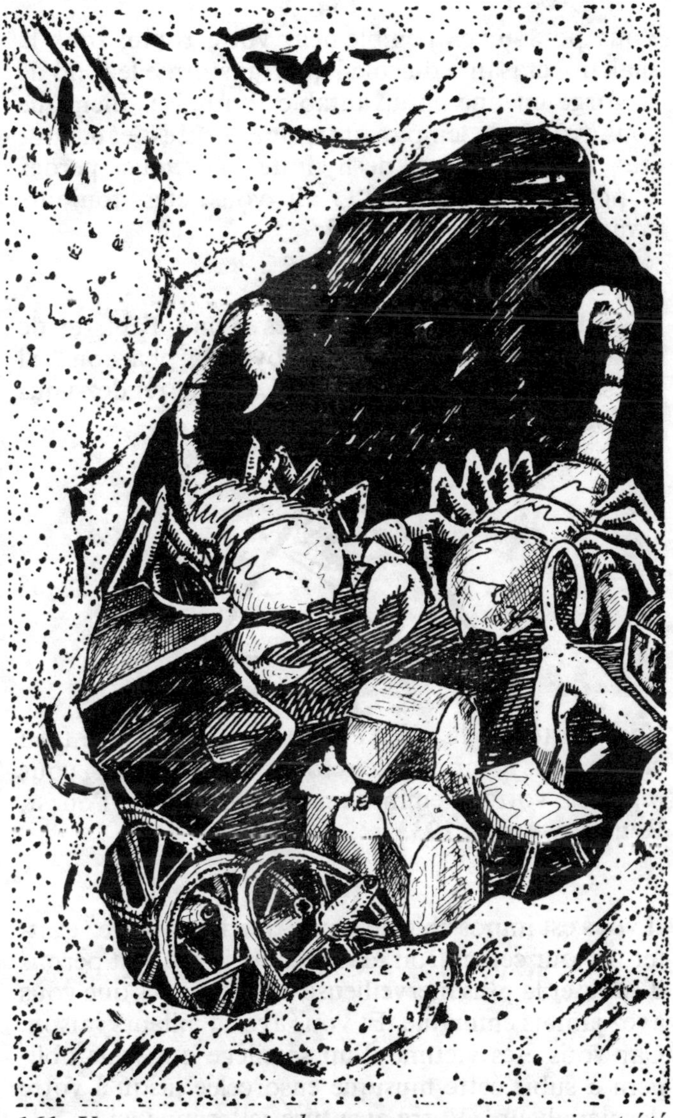

161 *Vous pouvez voir deux gros scorpions qui ont été taillés dans deux gros rubis.*

164

Vous poursuivez péniblement votre route, sous la chaleur écrasante du soleil qui transforme le fond de la gorge en une épouvantable fournaise. Bien que vous avaliez de temps à autre une gorgée d'eau, vous êtes complètement déshydraté, et vous perdez 2 points d'ENDURANCE. Si vous êtes toujours vivant, rendez-vous au **113**.

165

Possédez-vous les deux parties d'une Tablette de granite portant le cartouche royal du pharaon ? Si tel est le cas, rendez-vous au **221**. Sinon, rendez-vous au **245**.

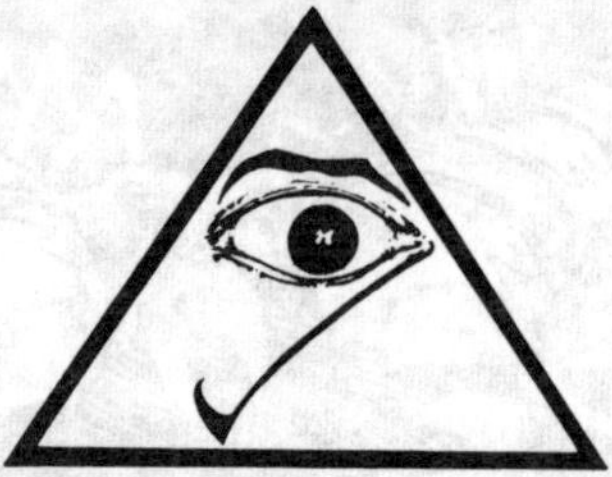

166

Vous sortez de la pièce en vous glissant par le trou creusé dans le mur et, de retour dans le couloir, vous reprenez votre chemin dans la direction de l'ouest. Rendez-vous au **193**.

167

Il vous est impossible de croire que vous devrez quitter un jour cet endroit, dans lequel il vous est permis d'écouter la plus merveilleuse des musiques que vous ayez jamais entendue. Et vous avez d'ailleurs raison. Car vous êtes victime d'un sortilège qui vous obligera à subir cette musique ensorcelée jusqu'à votre dernière heure. Votre aventure se termine ici.

168

Si vous voulez vous débarrasser du vieil homme, vous allez devoir courir très très vite ! En jetant un rapide coup d'œil autour de vous, vous en venez à la conclusion que le seul endroit où vous pourriez vous cacher est le petit bâtiment qui fait face à la pyramide. Vous pourriez sans doute l'atteindre encore plus vite si vous vous débarrassiez de l'urne que vous portez. Si vous décidez de la jeter à terre, rendez-vous au **276**. Mais si vous préférez l'emporter avec vous, rendez-vous au **104**.

169

En tendant le bras le plus possible, vous sortez le médaillon de la coupe avec la pointe de votre épée. Et aussitôt les fruits se transforment en un nid de serpents grouillants, et la coupe en une fiole pleine d'un gaz noirâtre et empoisonné. Vous avez bien failli être pris à un piège imaginé voilà des millénaires par les prêtres du pharaon, qui voulaient, ainsi, protéger la tombe du pillage. Maintenant, vous pouvez franchir la porte qui se trouve à l'ouest, et vous engager dans le corridor qui la suit. Rendez-vous au **84**.

170

Vous poussez un soupir de soulagement, en constatant qu'une faible lueur jaune éclaire l'entrée de la hutte. Vous vous en approchez et, alors que vous vous tenez sur le seuil, vous apercevez à l'intérieur de la petite bâtisse une vieille femme qui vous tourne le dos, et qui surveille un liquide bouillonnant dans une grande marmite suspendue au-dessus d'un feu. Tout à coup, elle se tourne vers vous et, à votre grande horreur, vous constatez que son visage n'est pas celui d'un être humain, mais la gueule sifflante d'un cobra dont les énormes crocs semblent se tendre dans votre direction. Dans sa main gauche, elle tient un morceau de viande sanguinolente, dont vous préférez ne pas connaître l'origine. Dans sa main droite se trouve une redoutable hache. Il vous est impossible de Fuir. Aussi, vous allez devoir mener le combat à son terme.

FEMME COBRA ENDURANCE : 6

Lancez deux dés. Si vous obtenez :
2 : elle crache un jet de venin qui vous atteint en plein visage, et vous paralyse sur-le-champ. Vous tombez à terre. Sans doute serez-vous le prochain hôte de la marmite...
de 3 à 6 : le monstre vous frappe de sa hache, et vous perdez 3 points d'ENDURANCE ;
de 7 à 12 : vous lui portez un coup d'épée, et elle perd 3 points d'ENDURANCE.

Si vous êtes vainqueur, le monstre ainsi que la hutte s'évanouissent dans l'instant, et vous vous retrouvez, seul, au sommet d'une dune. Vous vous êtes en effet battu contre un mirage qui aurait pu être mortel pour vous. Il ne vous reste plus qu'à reprendre votre chemin, en redoublant d'attention, car les illusions sont nombreuses dans le désert. Rendez-vous au **39**.

171

A peine avez-vous saisi la Corde Magique qu'elle vous échappe, et file devant vous en ondulant comme un serpent, jusqu'à un point où elle se dresse tout à coup vers le plafond. Vous la prenez d'une main, et elle vous paraît suffisamment rigide pour vous permettre d'y grimper. Si vous désirez faire ainsi, rendez-vous au **271**. Sinon, rendez-vous au **287**.

172

Tremblant encore, sous le coup de votre rencontre avec la momie, vous pousuivez votre progression dans le couloir, et vous arrivez vite à la hauteur du coude d'où ont surgi les deux pilleurs de tombes. Rendez-vous au **179**.

173

A peine avez-vous déposé l'objet sur l'autel que vous vous sentez gagné par une immense lassitude, alors que la pièce commence à tourner autour de vous. Bientôt, tout devient flou, et vous devinez, plus que vous n'en avez conscience, que vous êtes en train d'être transporté par un artifice magique dans un autre lieu. Rendez-vous au **225**.

174

Lentement, vous gravissez, l'une après l'autre, les marches de la pyramide. Le coffret luit intensément dans la lumière de votre torche. Bientôt, il est à votre portée, et vous l'ouvrez avec précaution. A l'intérieur, reposant sur un riche morceau de tissu semblable à du velours, se trouve une petite Clé d'une forme étrange. Mais ce qui retient le plus votre attention est un signe qui y est gravé : le même cartouche royal que celui figurant sur votre Tablette de granite. Vous ne voyez pas très bien à quoi cette clé pourrait vous servir maintenant. Mais vous pouvez néanmoins l'emporter avec vous. Vous pouvez à présent redescendre les marches, et vous diriger vers l'arche qui s'ouvre dans le mur ouest. Rendez-vous au **249**.

175

La créature avance à toute allure vers vous, ses horribles anneaux écailleux crissant sur le sol de pierre. Pour sortir vainqueur de ce combat, il va certes vous falloir faire preuve de courage, mais la chance devra être, également, de votre côté...

LA FROIDE
HORREUR
DE LA NUIT ENDURANCE : 24

Lancez deux dés. Si vous obtenez :
2 : l'immense langue du monstre jaillit, et s'enroule comme un fouet autour de votre visage. Mais rassurez-vous : votre agonie sera de courte durée. Votre aventure se termine ici ;
de 3 à 7 : vous évitez de justesse la langue du monstre qui vous frôle, néanmoins, vous faisant perdre 3 points d'ENDURANCE ;
de 8 à 12 : vous parvenez à porter un coup d'épée au monstre qui perd 3 points d'ENDURANCE.

Si vous êtes vainqueur, rendez-vous au **93**.

176

Vous attendez, écrasé par une chaleur qui devient de plus en plus étouffante au fur et à mesure que le temps passe. Le silence est total. Soudain vous êtes ébloui par un violent éclair de lumière : un rayon de soleil, passant perpendiculairement par l'ouverture du plafond, vient de frapper en plein la pierre précieuse incrustée dans la statue. En plissant les yeux pour ne pas être complètement aveuglé, vous remarquez qu'une partie du mur s'est mise en mouvement, découvrant une ouverture suffisamment large pour que vous puissiez vous y glisser. Vous vous précipitez vers cette ouverture, et vous la franchissez au moment même où la pierre se remet en place dans un grondement sourd. Tout en reprenant votre souffle, vous allumez une torche : devant vous un corridor se dirige vers le nord. Rendez-vous au **283**.

177

Vous prenez une profonde aspiration et, rassemblant tout votre courage, vous vous élancez à travers la salle. De chacun des trous jaillit un aspic ; et vous avez beau essayer de les éviter, ils sont trop nombreux pour que vous puissiez réellement prendre garde où vous mettez les pieds.

Lancez deux dés. Si vous faites :
2 ou 3 : vous êtes mordu plusieurs fois aux chevilles. Le poison se répend très vite dans vos veines, et vous vous écroulez sur le sol, incapable de vous défendre contre tous les reptiles qui rampent maintenant vers vous. Votre aventure se termine ici ;
de 4 à 6 : vous êtes mordu par deux aspics, et vous perdez 6 points d'ENDURANCE ;
de 7 à 9 : vous êtes mordu une fois, et vous perdez 3 points d'ENDURANCE ;
de 10 à 12 : c'est véritablement un miracle ! vous avez réussi à traverser la salle sans dommages.

Si vous parvenez à atteindre l'extrémité de la salle, rendez-vous au **200**.

178

Le combat que vous allez devoir mener se terminera forcément par la mort de votre adversaire... ou par la vôtre ! Aussi, si vous êtes vaincu, à quoi vous servira votre or ? Vous remettez donc les 20 Pièces d'Or à un vieil homme qui prend les paris. Si vous êtes vainqueur, ce pari triplera votre fortune : vous serez riche de 60 Pièces d'Or ! Voilà qui devrait vous motiver encore un peu plus, n'est-ce pas ? C'est avec un sourire narquois et cruel que vous pénétrez dans le cercle où vous attend le Maître de l'Epée. Rendez-vous au **19**.

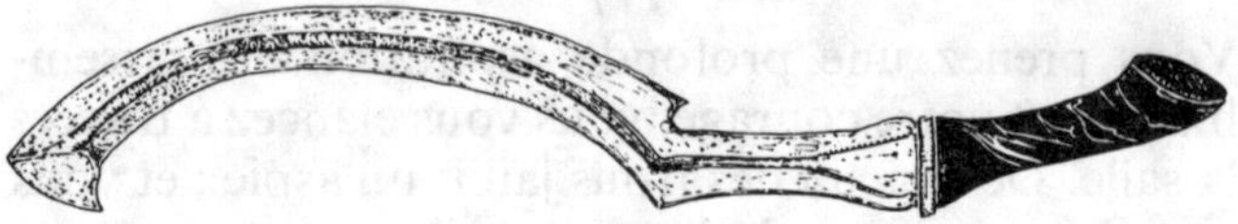

179

Vous tournez à gauche, et vous constatez que le couloir se poursuit sur une assez longue distance, au bout de laquelle il vous semble distinguer une faible lueur. Et, en effet, alors que vous marchez, la lumière se précise et vous pénétrez bientôt dans une pièce aux murs de granite illuminés par les rayons du soleil qui y pénètrent grâce à une ouverture ménagée dans le plafond, et qui tombent sur le sommet d'un petit autel de pierre sculptée, de forme cylindrique. Sur l'autel sont posés différents objets faits d'or et, en vous approchant, vous constatez qu'il s'agit d'une coupe pleine d'un vin d'un rouge profond, et d'un médaillon en forme de soleil dont la chaînette est passée autour de l'une des anses du récipient. Quelques pommes d'une étrange couleur, sont disposées çà et là. Malgré l'aspect insolite de ces fruits, ils vous paraissent tout à fait comestibles. Et la vue du vin n'a fait qu'augmenter votre soif ! Si vous ne pouvez vous retenir de vous jeter sur les pommes et le vin, rendez-vous au **74**. Mais si vous préférez vous saisir du médaillon, rendez-vous au **169**. Enfin, vous pouvez vous désintéresser de ce qui se trouve sur l'autel, traverser la salle, et vous engager dans le corridor situé à l'opposé de celui par lequel vous venez d'arriver. Rendez-vous dans ce cas au **84**.

179 *Sur l'autel sont posés différents objets faits d'or : une coupe pleine d'un vin d'un rouge profond, un médaillon en forme de soleil....*

180

Vous avancez lentement le long du mur, en passant vos mains sur toute sa surface, essayant de découvrir la trace d'une porte dérobée. Soudain, vos doigts rencontrent une petite aspérité qui s'enfonce sous leur légère poussée. Vous avez découvert un mécanisme secret ! Hélas, ce n'est pas celui que vous recherchiez car il vient de libérer, dans votre dos, une volée de flèches qui vous transpercent de part en part. Votre aventure se termine ici.

181

Vous regardez fixement le repas qui vient de vous être servi, incapable d'en avaler la moindre bouchée. Peu rassuré, vous levez les yeux, mais vous êtes seul. Les serviteurs ont disparu. En poussant un soupir de soulagement, vous vous levez et, sans perdre une seconde, vous vous dirigez vers la porte. Rendez-vous au **62**.

182

Pendant longtemps, vous marchez au hasard dans cet océan de sable. Soudain, vous vous arrêtez net : vous en êtes sûr, vous avez entendu quelque chose ! Et vous avez raison car, débouchant de derrière une dune à quelques pas de vous, six Hyènes vous regardent d'un air aussi étonné que vous êtes terrorisé. Il ne vous est pas possible de Fuir dans ce désert. Vous devrez donc mener le combat à son terme.

Première HYENE	ENDURANCE : 3
Deuxième HYENE	ENDURANCE : 3
Troisième HYENE	ENDURANCE : 3
Quatrième HYENE	ENDURANCE : 3
Cinquième HYENE	ENDURANCE : 3
Sixième HYENE	ENDURANCE : 3

Lancez deux dés. Si vous obtenez :
2 : les six Hyènes bondissent sur vous en même temps. Vous êtes jeté au sol, et l'une d'entre elles vous plante ses crocs dans la gorge, mettant ainsi fin à votre aventure ;
3 ou 4 : vous recevez une cruelle morsure, et vous perdez 4 points d'ENDURANCE ;
5 ou 6 : vous recevez un violent coup de griffes qui vous fait perdre 2 points d'ENDURANCE ;
de 7 à 12 : vous tuez l'une des Hyènes.

Si vous êtes vainqueur, rendez-vous au **219**.

183

Gabbad secoue la tête d'un air peiné.
— Alors, non seulement vous pénétrez dans ma maison comme un voleur, mais vous n'avez pas le moindre argent à donner en échange de l'information que vous me demandez ! Voilà qui est pour le moins honteux. Vous n'avez qu'un moyen d'effacer cette honte, et de trouver l'argent que je vous demande. Retournez au bazar, et relevez le défi du Maître de l'Epée. Si vous venez à bout du Maître, alors vous aurez de quoi acheter votre renseignement.
Vous n'avez pas le choix. Et d'ailleurs, les apparences ne sont-elles pas contre vous ? Vous acceptez donc sa proposition et, suivant le jeune garçon, vous reprenez le chemin du bazar. A votre grande surprise, la place que vous aviez quittée, pratiquement déserte voilà peu de temps, est à présent noire de monde. Des silhouettes revêtues de manteaux noirs, le visage caché par une large capuche, et portant toutes une torche allumée à bout de bras, s'y pressent, comme si une foule entière avait été conviée à un événement d'importance. Votre arrivée

ne passe pas inaperçue, car vous êtes le seul — avec votre jeune guide — à ne pas porter le large manteau noir. Bientôt toute cette foule présente sur la place est tournée vers vous. Mais cela ne semble pas impressionner le moins du monde le jeune garçon qui, vous prenant par le bras, vous fait traverser toutes ces sombres et inquiétantes ombres, jusqu'à un cercle qui a été tracé en plein centre de la place du bazar. Au milieu de ce cercle se trouve un homme. Un colosse, plutôt. Fermement campé sur ses jambes, il est vêtu d'une tunique de coton noir serrée à la taille, qui lui descend jusqu'au-dessus des genoux. Ses bras croisés font saillir ses énormes biceps et, devant lui, une gigantesque épée est plantée dans le sol de terre battue. A travers les deux ouvertures de la pièce de tissu qui lui recouvre le visage, vous pouvez voir l'éclat féroce de son regard qui suit chacun de vos mouvements. Sa main a saisi une bourse glissée dans sa ceinture, mais d'un geste si rapide, que vous auriez pu penser avoir été la victime d'une illusion si cette bourse ne se trouvait pas maintenant là, à vos pieds. Vous vous baissez et, après en avoir desserré les liens, vous en versez son contenu dans votre main : 20 Pièces d'Or ! Exactement la somme dont vous avez besoin ! Vous comprenez alors que vous faites face au Maître de l'Epée qui vient de vous jeter un défi. Ces Pièces d'Or, vous allez devoir les gagner... Des murmures d'excitation parcourent maintenant la foule, qui se transforment bientôt en clameurs, lorsque vous vous débarrassez de votre manteau et que vous portez la main à votre épée. Tout autour de vous, les paris vont bon train quant à l'issue du combat. Mais vous-même, voulez-vous parier ? Si vous décidez d'en prendre le risque, rendez-vous au **178**. Sinon, rendez-vous au **38**.

184

Vous plongez votre main gantée dans le nid de serpents, et vous saisissez le levier que vous tirez d'un coup sec. Puis, contournant l'autel, vous vous engagez dans la galerie qui s'élève en pente douce, et qui débouche dans une salle d'audience. Rendez-vous au **186**.

185

Vous rangez l'Œil dans votre sac. Tout d'abord, il vous est possible d'en voir tout le contenu, mais cette vision disparaît lorsque vous le refermez. N'oubliez surtout pas que votre Œil se trouve maintenant au fond de votre sac, et rendez-vous au **166**.

186

Contre le mur nord de la salle se dresse un trône, sur lequel est assis un homme au visage d'une pâleur de craie, la tête coiffée de la couronne des pharaons du Khem. Au-dessus du trône, et gravé dans le mur, vous reconnaissez le soleil stylisé, symbole du dieu solaire de Kar-Thot le Magnifique. Le pharaon a tourné les yeux vers vous et, d'un geste imperceptible, il vous fait signe de vous approcher. Puis ses lèvres blafardes s'ouvrent :

— Nombreux sont ceux qui ont pénétré dans ma tombe. Rares sont ceux qui ont trouvé le chemin de cette chambre. En conséquence, je vais vous remettre deux présents qui seront témoins du courage qui a été le vôtre pour avoir déjoué tous les pièges qui vous étaient tendus. Il tend alors ses doigts vers le sol, et aussitôt une table faite de l'or le plus pur apparaît, sur laquelle sont posés des objets d'une incalculable valeur : une Epée à l'éclat aveuglant, un Sceptre au sommet orné d'un soleil d'or aux rayons étincelants, et une Tablette de granite apparemment en tout point identique à celle que vous avez déjà en votre possession. Qu'allez-vous choisir :

L'Epée et le Sceptre ? Rendez-vous au **222**
L'Epée et la Tablette ? Rendez-vous au **270**
Le Sceptre et la Tablette ? Rendez-vous au **79**

187

Le borgne repousse la table d'un violent mouvement de la main et bondit sur ses pieds.
— Tout le monde t'a vu sortir ce dé pipé de ta manche ! Tu vas le payer... Et il se précipite sur vous, un redoutable poignard à la main.

LE BORGNE ENDURANCE : 9

Lancez deux dés. Si vous obtenez :
de 2 à 6 : vous recevez un coup de poignard, et vous perdez 3 points d'ENDURANCE ;
de 7 à 12 : vous portez un coup au borgne, qui perd 3 points d'ENDURANCE.

Si vous êtes vainqueur, rendez-vous au **119**.

188

Vous sortez le Tapis Volant de votre sac et, après l'avoir étendu sur le sol, vous vous asseyez dessus. Il s'envole aussitôt, vous permettant d'atteindre ainsi sans danger l'extrémité de la salle où il vous dépose en douceur. Cependant, à votre grand désappointement, vous constatez qu'un fil du Tapis s'est pris dans une anfractuosité du sol, à l'autre bout de la pièce. Et maintenant, la presque totalité de cet objet magique s'est défaite, le rendant inutilisable. Vous pouvez donc le rayer de votre Feuille d'Aventure. Rendez-vous au **200**.

189

Vous plongez dans l'ouverture qui reste entre le sol et le mur de pierre qui descend de plus en plus vite. Lancez deux dés. Si le résultat que vous obtenez est égal ou inférieur à votre total d'HABILETE, rendez-vous au **157**. Si ce résultat est supérieur à ce même total, rendez-vous au **86**.

190

Vous vous approchez des enfants qui, subitement, deviennent silencieux en constatant que vous vous intéressez à eux. Ils vous fixent de leurs grands yeux sombres, en vous entendant demander s'ils savent où se trouve la maison de Gabbad, le marchand d'antiquités. Ce silence dure encore un instant, jusqu'à ce que le plus petit d'entre eux fasse un pas en avant. Alors que tous ses compagnons de jeux sont vêtus de guenilles lui, au contraire, porte des habits propres — et même neufs. Il vous adresse un sourire pincé — un sourire que vous pouvez interpréter comme étant machiavélique ou amical, impossible de voir la différence — et il vous propose de vous accompagner chez Gabbad. Qu'allez-vous faire ? Vous pouvez faire confiance au jeune garçon, et accepter son offre. Rendez-vous dans ce cas au **33**. Mais, vous méfiant, vous pouvez vous éloigner, et rejoindre les badauds qui entourent le cracheur de feu (rendez-vous au **210**), vous rendre à la maison de jeux (rendez-vous au **218**), ou vous diriger vers l'auberge (rendez-vous au **123**).

191

Votre adversaire laisse échapper son gourdin en saisissant son bras blessé de sa main valide, au moment même où une personne fait irruption dans la cour, une torche à la main. Vous pouvez maintenant mieux distinguer votre agresseur : il est revêtu d'un pauvre manteau noir, et a tout l'air d'être un serviteur. En revanche, l'homme qui se dirige à présent vers vous ne peut être que le maître des lieux. Il s'arrête à quelques pas de l'endroit où vous êtes, et vous dévisage d'un regard aigu. Derrière lui, se détachant dans la lumière d'une porte, se trouve un jeune garçon. L'un de ceux qui étaient sur la place, tout à l'heure. D'un ton bref, le vieil homme vous somme de vous expliquer. D'un ton embarrassé, vous lui racontez tant bien que mal la raison de votre présence chez lui : vous lui dites comment vous êtes entré en possession de la Tablette de granite, et votre désir de rencontrer Gabbad, l'homme qui est à l'origine de cette découverte. Alors qu'il semblait prêt, une minute auparavant, à éveiller toute la ville pour venir à bout de vous, le vieil homme paraît maintenant hésiter. En effet, c'est son propre nom que vous venez de prononcer. Son propre nom, associé à cette étrange Tablette. Il vous regarde d'un air profondément perplexe puis, il se raidit comme s'il venait de prendre une décision. Et en effet, il vous propose d'entrer dans sa demeure, pour que vous lui racontiez à nouveau plus calmement, et avec plus de détails, ce qu'il vient d'entendre. Vous vous dirigez donc tous deux vers la porte éclairée, suivis de près par le serviteur qui grimace de douleur tout en vous jetant des regards de reproche. Tout à coup, vous pensez à votre équipement, et en quelques mots, vous demandez à Gabbad la permission de le reprendre. Il acquiesce d'un mouvement de la tête, ouvre le portail donnant sur la rue, et vous fait signe de faire vite. Mais tout a disparu ! Il ne vous reste plus que votre épée, une torche, et bien entendu la Tablette de granite (n'oubliez pas de modifier votre Feuille d'Aventure en conséquence). Il semblerait, en définitive, qu'Alkmar ait eu le dernier mot... En haussant les épaules, vous pénétrez dans la maison de Gabbad et, le vieil homme et le jeune garçon vous faisant face, vous vous mettez en devoir de leur expliquer, avec force détails, la raison de votre présence. Puis vous sortez la Tablette de votre ceinture. Rendez-vous au **105**.

192

Vous arrivez bientôt à la hauteur d'une porte située dans le mur de droite, alors que le corridor se poursuit tout droit en passant sous une petite arche gravée en son centre du cartouche royal du pharaon Kar-Thot. Près de ce cartouche est également gravée une tête de mort. Allez-vous poursuivre votre chemin dans le corridor (rendez-vous au **149**), ou préférez-vous ouvrir la porte (rendez-vous au **29**) ?

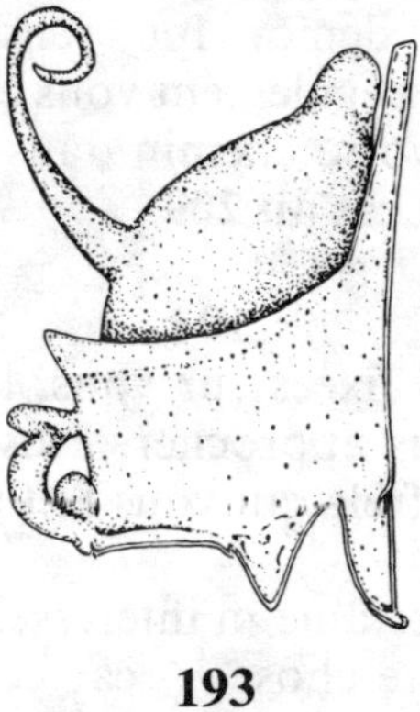

193

Vous continuez votre progression dans le couloir, mais soudain vous ralentissez le pas en apercevant, un peu en avant de vous, des niches creusées de part et d'autre du chemin que vous suivez. Lentement, vous vous en approchez. Elles sont au nombre d'une douzaine, environ, et chacune d'elles — à l'exception de deux — contient une statue représentant un dieu particulier du Khem. Vous reconnaissez ainsi le dieu chacal, le dieu crocodile, et d'autres dieux en rapport avec les éléments. Quant aux niches vides, la première est consacrée au démon Boos, le Dévoreur ; et vous remarquez avec surprise que la pierre servant de piédestal est gravée d'un homme agenouillé portant tous les attributs royaux du pharaon Kar-Thot, et offrant des présents au démon dans une attitude de soumission profonde. La seconde niche est consacrée, elle, au démon Ipo, plus connu sous l'épouvantable nom de « la Froide Horreur de la Nuit ». Il est représenté, sur le piédestal, sous la forme d'un immonde serpent au corps huileux, entourant de ses anneaux un personnage ressemblant trait pour trait à celui gravé au pied de la niche du démon Boos. Si vous voulez pénétrer dans la niche du démon Boos, rendez-vous au **58**. Si vous préférez celle du démon Ipo, rendez-vous au **132**. Mais vous pouvez également vous éloigner de ce lieu en poursuivant votre chemin dans le couloir. Rendez-vous dans ce cas au **209**.

194

Ses orbites vides fixées sur vous, l'apparition vous fait signe de vous approcher. Puis, elle s'adresse à vous d'une voix frêle qui vous fait passer un frisson dans le dos.

— Etranger, votre âme m'intéresse.

A l'évidence, cette chose — car comment l'appeler autrement ? — veut vous jouer votre âme ! Celui de vous deux qui obtiendra le chiffre le plus élevé en jetant un dé gagnera. A propos, possédez-vous un Dé dont toutes les faces sont gravées d'un six ? Si vous avez une telle merveille, rendez-vous au **260**. Sinon, rendez-vous au **108**.

193 *Chacune des niches contient une statue représentant un dieu particulier du Khem.*

195

Le corps de votre adversaire rebondit de marche en marche, pour finalement s'arrêter à côté de celui de son compagnon. Vous les observez quelques instants puis, constatant qu'ils restent parfaitement immobiles, vous vous tournez vers votre jeune guide qui vous regarde en souriant de toutes ses dents. Vous lui rendez son sourire, tout en le remerciant chaleureusement de l'aide qu'il vous a apportée.

Les maisons qui s'élèvent de chaque côté de l'escalier sont tout à fait silencieuses. Peut-être un peu trop, même. Aussi, vous vous remettez en route en pressant le pas. Arrivé tout en haut de l'escalier, le jeune garçon s'arrête devant le portail d'une maison que rien ne distingue des autres et, à sa suite, vous pénétrez à l'intérieur de la demeure qui est plongée dans la plus parfaite obscurité. Il vous demande alors de l'attendre quelques instants, et vous l'entendez qui s'éloigne à l'intérieur de la maison. Au bout de peu de temps, le murmure d'une conversation échangée à voix basse vous parvient, suivie de bruits de pas qui se dirigent dans votre direction. Tout à coup, la pièce dans laquelle vous vous trouvez est éclairée par la lumière d'une torche. Devant vous se tient un vieil homme aux cheveux blancs qui vous regarde, l'air perplexe. Rendez-vous au **199**.

196

Vous avalez d'un trait la Potion, et vous vous enfuyez à toutes jambes, laissant le pauvre Gabbad face aux Panthères. Cependant, sans guide, vous ne tardez pas à vous égarer. Le vent se lève maintenant, soulevant des nuages de sable. Bientôt, vous êtes pris dans une véritable tempête. Les yeux fermés, le visage fouetté par des millions et des millions de grains de sable qui vous emplissent la bouche, vous ne tardez pas à vous écrouler au pied d'une dune. Lorsque le vent tombera, le désert aura perdu tout souvenir de vous. Votre aventure se termine ici.

197

Gravés dans la pierre qui surplombe l'arche située sur votre gauche, vous remarquez un squelette et un guerrier qui semblent absorbés par une partie de dés. Si vous voulez vous engager sous cette arche, rendez-vous au **72**. Mais si vous préférez retourner à l'arche de droite, rendez-vous au **85**.

198

Vous saisissez le Médaillon d'or et, le tenant suspendu à sa chaînette, vous l'avancez au-dessus de la nourriture. Aussitôt les restes du festin disparaissent sous une lueur dorée qui cesse au bout de peu de temps, laissant apparaître, sur la table, un poulet fraichement grillé, des paniers remplis de fruits à l'aspect délicieux, alors que votre verre est maintenant plein d'un vin de la couleur du rubis. Totalement abasourdi, vous tendez une main hésitante vers ce succulent repas... non, ce n'est pas une illusion ! Vous vous jetez alors sur le poulet et les fruits que vous dévorez à belles dents, ce qui vous fait gagner 6 points d'ENDURANCE. Ce n'est qu'une fois que vous avez tout dévoré que vous constatez que les serviteurs ont disparu. Rendez-vous au **62**.

199

— Je suis Gabbad, dit-il. Mon neveu vient de me dire que vous me cherchiez. Eh bien, me voilà. Expliquez-vous.

Sentant que vous pouvez faire confiance à ce vieil homme, vous dénouez votre ceinture, et vous en sortez la Tablette de granite que vous lui montrez. Rendez-vous au **105**.

200

Prudemment, vous faites quelques pas sur la rampe. Soudain, un bruissement vous fait arrêter net. Un bruissement semblable au bruit du vent caressant le sable du désert qui s'amplifie peu à peu, pour se transformer bientôt en une plainte lugubre. Tout en haut de la rampe apparaît maintenant, cerné de vapeurs huileuses, et dégoulinant de sable, un énorme serpent dressant sa tête vers le haut plafond. De sa gueule sort une langue pointue, une véritable lanière de fouet qui balaie l'air, longue de plus de deux mètres. Vous l'avez reconnu : face à vous se tient le démon Ipo. Le démon que l'on a surnommé « la Froide Horreur de la Nuit ». Lentement, par horribles saccades, sa tête s'est posée sur le sol. Et maintenant, il rampe vers vous dans les abominables ondulations de son gigantesque corps. Vous allez devoir mener le combat le plus dangereux de tous ceux auxquels vous avez dû faire face au cours de votre existence aventureuse. Si vous possédez un Bâton d'Energie, rendez-vous au **277**. Sinon, rendez-vous au **175**.

201

Vous découvrez maintenant, que vous pouvez voir tout ce qui se trouve derrière vous ! Impossible que vous soyez surpris par quelqu'un qui pourrait vous attaquer dans le dos. Heureux de votre trouvaille, vous poursuivez votre chemin en sifflotant. Rendez-vous au **166**.

202

La chaleur du désert est telle que vous marchez en titubant. Et vous sentez vos forces qui vous quittent peu à peu. Vous perdez 3 points d'ENDURANCE. Si vous êtes toujours vivant, rendez-vous au **294**.

203

Vous êtes si affamé que vous vous sentez prêt à dévorer même les restes d'un festin vieux de plusieurs dizaines de siècles. Mais pourtant, non... ce qui se trouve devant vos yeux vous dégoûte trop. Et c'est l'estomac dans les talons que vous traversez la salle ! Rendez-vous au **62**.

204

Bravo, vous avez bien calculé votre saut, car vous venez d'atterrir en plein milieu de l'espace libre qui se trouve au centre de la salle. Maintenant, vous avez encore un bond à faire pour atteindre la porte. Mais cette fois, vous n'avez pas suffisamment de recul pour prendre un nouvel élan. Lancez deux dés. Si le résultat que vous obtenez est égal ou inférieur à votre total d'HABILETE, rendez-vous au **263**. Si ce résultat est supérieur au même total, rendez-vous au **18**.

205

Le Sphinx vous révèle qu'il vous faudra découvrir l'autre partie de la Tablette de granite si vous voulez vaincre la malédiction. Il ne peut vous en dire plus, sinon qu'elle est cachée quelque part dans la tombe. Si vous désirez poser une nouvelle question au

Sphinx, donnez-lui une autre Pièce d'Or, et revenez au **130**. Sinon, rendez-vous au **14**.

206

Vous vous concentrez intensément, et vous résistez à la décharge magique, redoutable piège imaginé par les magiciens du pharaon. Vous pouvez maintenant vous saisir du Bâton sans danger. Notez sur votre Feuille d'Aventure qu'il contient encore deux décharges d'énergie. A peine avez-vous pris le Bâton, que la porte s'ouvre, découvrant une salle pleine de statues de serviteurs et de guerriers, hautes d'un mètre environ. Elles sont si nombreuses qu'il vous est tout à fait impossible de vous faufiler entre elles pour atteindre la porte qui se trouve à l'autre extrémité de la salle. Vous pouvez vous ouvrir un passage en utilisant le Bâton que vous venez de trouver, si vous le désirez. Rendez-vous dans ce cas au **30**. Mais, si vous le préférez, vous pouvez également essayer de sauter par-dessus les statues jusqu'à un endroit dégagé que vous apercevez au milieu de la salle, et de là sauter à nouveau pour atteindre le seuil de la porte qui est, lui aussi, dégagé. Rendez-vous alors au **101**. Mais après tout, n'êtes-vous pas en possession d'un Bâton Magique ? Peut-être pourriez-vous le diriger vers les serviteurs, et leur ordonner de vous obéir (rendez-vous au **226**) ?

207

Vous descendez les marches et vous vous engagez sur l'allée, en prenant soin de marcher en son centre. Cependant, lorsque vous arrivez à la hauteur des deux statues, vous voyez soudain leurs bras s'animer, et se refermer lentement sur vous, comme si elles voulaient vous écraser entre leurs mains de bois. Mais, alors qu'elles ne se trouvent plus qu'à quelques centimètres de votre visage, leur mouvement cesse aussi brutalement qu'il avait commencé. Tremblant encore sous le coup de l'émotion, vous vous glissez sous les énormes bras de bois, et vous courez vers la pyramide. Allez-vous maintenant grimper les quelques marches menant au sommet de cette pyramide pour voir ce que contient le coffret (rendez-vous au **174**), ou préférez-vous la contourner en empruntant l'étroit rebord de pierre qui l'entoure, pour gagner l'autre allée qui mène à l'arche (rendez-vous au **249**) ?

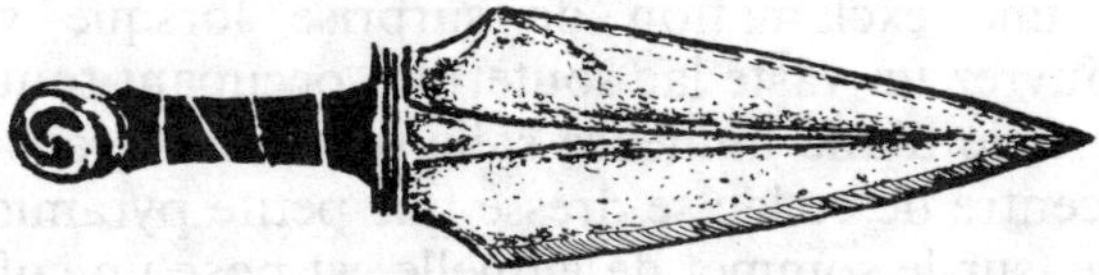

208

Vous faites des efforts désespérés pour accélérer encore votre allure. Mais la pierre se rapproche inéluctablement, et elle est maintenant sur vos talons. Soudain, vous entendez un choc sourd suivi par un crissement strident. Puis, au bruit d'enfer que faisait le rocher en dévalant la pente, succède un profond silence. Intrigué, vous arrêtez votre course et vous vous retournez, pour constater que la boule de pierre s'est coincée dans un étranglement du corridor, le bloquant ainsi définitivement. Inutile d'essayer de vous débarrasser de cet obstacle : il fait maintenant partie de la pyramide ! Il ne vous reste donc plus qu'à faire demi-tour et, lorsque vous serez de retour sur la plate-forme, vous pourrez vous diriger vers l'arche de droite (rendez-vous au **85**), ou vers celle de gauche (rendez-vous au **197**).

209

Le couloir semble interminable. Cependant, après avoir marché un long moment, vous finissez par arriver au sommet d'un escalier dominant une salle qui doit être, sans aucun doute, d'imposantes dimensions, car il vous est impossible d'en apercevoir le moindre détail à la flamme de votre seule torche. Prudemment, vous commencez à en descendre les marches, lorsque soudain, un éclair aveuglant manque vous faire perdre l'équilibre. La lumière de votre torche vient d'accrocher un objet brillant, dont les reflets baignent maintenant d'une lueur dorée le lieu où vous vous trouvez. Et vous ne pouvez réprimer une exclamation de surprise lorsque vous découvrez un vaste lac souterrain occupant toute la superficie d'une immense salle de forme circulaire. Au centre de ce lac se dresse une petite pyramide à étage, sur le sommet de laquelle est posé un coffret de bois recouvert de fines plaques d'or pur. C'est ce coffret qui luit maintenant de mille feux. Encore sous le coup de l'étonnement, vous descendez les dernières marches de l'escalier, et vous mettez le pied sur une large allée dallée menant à la pyramide. A égale distance de l'escalier et de la pyramide, se trouvent deux statues de haute taille. Elles ont été scupltées dans une seule pièce de bois, et sont tout à fait représentatives de la statuaire en honneur sous le règne de Kar-Tot : légèrement cambrées, le pied droit fermement posé en avant et les bras raides, aux poings fermés, collés le long du corps. Elles se font face, leur regard semblant perdu dans l'infini. Elles sont, de plus, placées de telle façon que, pour accéder à la pyramide, il est possible soit de passer entre elles, soit de contourner l'une ou l'autre mais, dans ce dernier cas, en prenant garde de ne pas perdre l'équilibre, car la bordure de pierre existant entre les socles des statues et le lac est extrêmement étroite. Sur les eaux du lac, flottent des espèces de billes de bois d'une étrange couleur rose. Intrigué, vous approchez du bord de l'allée, mais vous faites vite quelques pas en arrière en constatant qu'il s'agit de redoutables crocodiles albinos, dont les yeux rouges vous fixent avec une inquiétante intensité. Non loin de vous, et reposant dans la plus parfaite immobilité sur la surface de l'eau, se trouve une frêle embarcation faite de feuilles de papyrus. La pyramide, quant à elle, repose sur un socle de pierre dont la partie qui émerge se trouve pratiquement au niveau des eaux du lac. Cette pyramide peut être également contournée en longeant un petit chemin dallé large d'une trentaine de centimètres seulement. Ce petit chemin rejoint une allée tout à fait identique à celle où vous vous trouvez, menant à une arche située très exactement à l'opposé de l'escalier que vous venez de descendre. Il règne dans ce lieu une étrange atmosphère, et vous avez la certitude qu'il vous faudra faire preuve de la plus grande prudence pour échapper aux pièges qui vous attendent. Alors, qu'allez-vous faire ?

Contourner l'une ou l'autre des statues ? Rendez-vous au **60**

Passer entre les statues ? Rendez-vous au **207**

Emprunter l'embarcation, ce qui vous permettra certes d'éviter les statues, mais vous obligera à naviguer parmi les crocodiles ? Rendez-vous au **214**

Lentement, vous vous dirigez vers le petit groupe de badauds qui regardent le cracheur de feu les yeux ronds et la bouche grande ouverte. La plupart d'entre eux sont revêtus du grand manteau blanc de laine brute, caractéristique des nomades du désert. Sans vous faire remarquer, vous vous mêlez à eux, poussant les mêmes exclamations de peur lorsque l'homme approche un brandon enflammé de sa bouche, et d'admiration lorsqu'il souffle une flamme de près de deux mètres de long ! Cependant, vous êtes un familier de ce genre de tour. Vous n'êtes donc pas suffisamment absorbé par le spectacle, pour ne pas avoir ressenti le léger mouvement de votre ceinture à laquelle est accrochée votre bourse. Ou plutôt était... car votre main n'y rencontre plus maintenant que le vide ! Vous retournant d'un bloc, vous apercevez, dans la pénombre, une silhouette qui s'éloigne en courant à toutes jambes. Au bout de sa main vous reconnaissez... votre bourse ! ! ! Votre sang ne fait qu'un tour, et vous allez vous élancer pour donner une leçon à ce malandrin, lorsque soudain une porte s'ouvre devant lui, laissant surgir une nouvelle silhouette qui se campe fermement, les bras écartés, sur sa route. Devant cet obstacle imprévu, le voleur essaie de ralentir sa course en faisant de grands moulinets de ses bras. Puis, manquant perdre l'équilibre à chaque pas, il bifurque dans une autre direction, et ne tarde pas à disparaître dans l'obscurité. Mais votre bourse lui a échappé, et elle gît à terre, son contenu éparpillé tout autour. A votre grande surprise, le nouveau venu se baisse et, après avoir ramassé bourse et Pièces d'Or, il se relève et se dirige d'un pas ferme vers vous. Maintenant qu'il n'est plus qu'à quelques mètres, vous pouvez remarquer qu'il est vêtu de la courte tunique à la mode chez les gens du nord. Une tunique que vous connaissez bien, puisque sous votre armure vous portez la même ! S'inclinant légèrement, il vous déclare avec la plus grande politesse :

— Permettez-moi de me présenter. Mon nom est Alkmar. Si j'ai osé intervenir dans le petit problème qui était le vôtre, c'est tout simplement parce que nous devons être originaires du même pays. Je me trompe ?

Et sans vous laisser le temps d'acquiescer, il vous tend votre bourse, tout en vous proposant de vous faire visiter les endroits les plus intéressants de la ville. Et comme vous allez ouvrir la bouche pour le remercier, il vous coupe la parole :

— Non, non ! Ne me remerciez pas... entre compatriotes !.. Tenez, avant toute chose, allons boire un verre ensemble pour fêter notre rencontre !

Et, vous saisissant par le bras, il vous entraîne vers l'auberge. Si vous vous décidez à le suivre, rendez-vous au **81**. Sinon, vous pouvez lui déclarer que vous préférez aller voir ce que font les enfants qui se trouvent dans un coin de la place (rendez-vous au **190**), ou, après l'avoir chaleureusement remercié, attendre qu'il se soit éloigné, et vous rendre seul à l'auberge (rendez-vous au **123**).

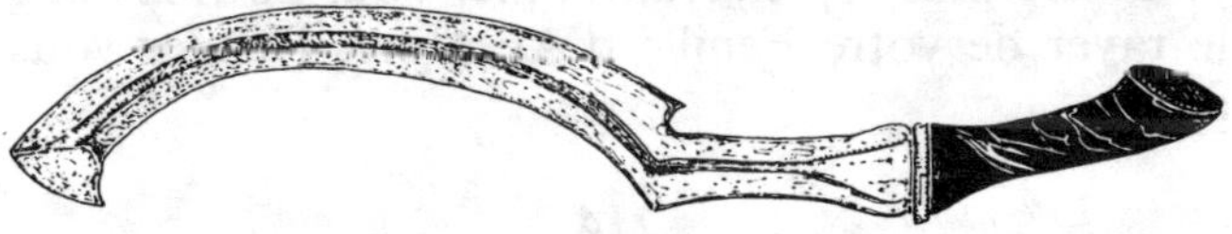

211

Vous avalez goulûment quelques gorgées d'eau, ce qui vous permet d'ajouter 3 points à votre total d'ENDURANCE. Maintenant que vous vous sentez revigoré, vous décidez de vous engager dans l'autre passage. Rendez-vous au **238**.

212

Le bras de bois vous frappe avec une telle violence, que vous êtes précipité sans pouvoir rien faire dans les eaux du lac... et dans la gueule grande ouverte d'un crocodile, qui suivait depuis quelque temps votre malheureuse tentative. Votre aventure se termine dans un abominable bruit de mâchoires.

213

En prenant le plus grand soin de ne pas effleurer ne serait-ce qu'une seule statue, vous déroulez votre Tapis Volant, et vous vous installez dessus. Aussitôt, il s'élève dans un léger bruissement, et vous dépose tout doucement devant la porte. Ce Tapis ne vous sera plus, dorénavant, utile. Vous pouvez donc le rayer de votre Feuille d'Aventure. Rendez-vous au **66**.

214

Vous vous approchez de l'embarcation de papyrus et, en économisant vos mouvements, vous détachez la corde de l'anneau auquel il est amarré. Puis, vous accroupissant, vous en saisissez les deux bords de vos mains et, passant un pied après l'autre, vous vous asseyez au fond. En essayant de bouger le moins possible, vous saisissez la pagaie qui se trouve face à vous, vous donnez de la main une légère poussée contre l'allée dallée, et vous commencez doucement, tout doucement, à ramer. Mais, à peine vous êtes-vous éloigné de quelques mètres, que les crocodiles, qui n'avaient pas, jusque-là, manifesté le moindre intérêt pour vous, d'un souple mouvement de leur queue se propulsent vers vous. Vous êtes entouré de toutes parts ! Et, si vous voulez atteindre sain et sauf la pyramide, vous allez devoir mener un combat bien inégal. D'autant plus, que l'un des sauriens serre votre embarcation de près. C'est lui qu'il vous faut combattre en premier.

CROCODILE ENDURANCE : 12

Lancez deux dés. Si vous obtenez :
2 ou 3 : naïf que vous êtes ! Lorsque, après avoir foncé comme une flèche sur vous, le crocodile a fait brusquement demi-tour, vous avez cru que votre attitude déterminée lui avait fait peur... c'était pour mieux défoncer votre esquif d'un violent coup de queue, et vous précipiter dans les eaux lugubres du lac où vous pataugez maintenant. Inutile d'essayer de regagner l'allée de pierre : les sauriens vous cernent de toutes parts. Et inutile de leur résister. Laissez-vous croquer, tout en réfléchissant sur les erreurs que vous avez commises, et qui vous ont mené à cette triste fin ;
de 4 à 6 : l'un des sauriens vous donne un coup de queue. Vous perdez 3 points d'ENDURANCE mais, bien que sérieusement malmenée, votre embarcation n'en poursuit pas moins son chemin ;
de 7 à 10 : vous donnez un fort coup de pagaie sur la gueule du crocodile qui perd 3 points d'ENDURANCE ;

11 ou 12 : jamais vous ne comprendrez comment vous avez fait pour tuer, d'un seul coup de pagaie, le crocodile. Mais le fait est là : il est maintenant d'une parfaite immobilité !

Si vous arrivez à tuer l'un des crocodiles, rendez-vous au **80**.

215

Vous baissez la tête à temps, et le bras de bois passe, en sifflant, au-dessus de vous. Au plus grand déplaisir des crocodiles qui font claquer leurs mâchoires de désappointement ! Sans perdre une seconde, vous vous précipitez vers la pyramide. Qu'allez-vous faire maintenant ? Allez-vous en gravir les marches pour voir ce que peut contenir le coffret (rendez-vous au **174**) ou, pensant que vous avez eu suffisamment de chance jusque-là, préférez-vous ne pas tenter le sort une fois de plus ? Dans ce cas vous contournez la pyramide et vous quittez, le plus vite que vous le pouvez, ce lieu maudit en vous précipitant vers l'arche de pierre. Rendez-vous au **249**.

216

La Potion n'a pas très bon goût ! Et c'est en grimaçant que vous avalez le contenu de la fiole (n'oubliez pas de la rayer de votre Feuille d'Aventure). Aussitôt, vous vous sentez devenir léger ; si léger que vos pieds quittent le sol ! Une légère poussée en avant, et vous passez sans difficulté au-dessus de l'armée de statues, pour atterrir, sain et sauf, devant la porte. Quelques secondes suffisent pour que cessent les battements de votre cœur, avant que vous ne la poussiez. Vous vous trouvez, maintenant, sur le seuil d'une pièce qui devait être une salle de festin, à en juger par la longue table qui est dressée en son milieu, et sur laquelle sont encore disposés les restes racornis d'un festin servi voilà plus d'un millénaire. Quand bien même vous vous sentiriez affamé, vous haussez les épaules à la vue de ces antiquités, et vous décidez de ne pas vous attarder plus longtemps dans ce lieu. Rendez-vous au **62**.

217

Alkmar n'arrête pas de boire et de parler, si bien que vous commencez à ressentir la fatigue causée par votre voyage, et tous les événements qui sont survenus depuis votre arrivée à Arksor. Des amis d'Alkmar vous ont rejoints, depuis le début de la soirée. Ils se sont installés à votre table, et vous n'y avez pas prêté beaucoup d'attention. Mais, celui qui vient d'arriver le dernier... il vous semble le reconnaître... Oui ! c'est lui ! votre voleur ! Et le voilà maintenant en grande conversation avec Alkmar... Sans doute ne l'a-t-il pas reconnu... il faut le prévenir... lui dire... A moins qu'ils ne soient complices ? Vous essayez de vous lever, mais la tête vous tourne... Lancez deux dés. Si le résultat obtenu est égal ou inférieur à votre total de PSI, rendez-vous au

121. Si ce résultat est supérieur au même total, vous chancelez, et vous vous écroulez sur le sol. Rendez-vous alors au **16**.

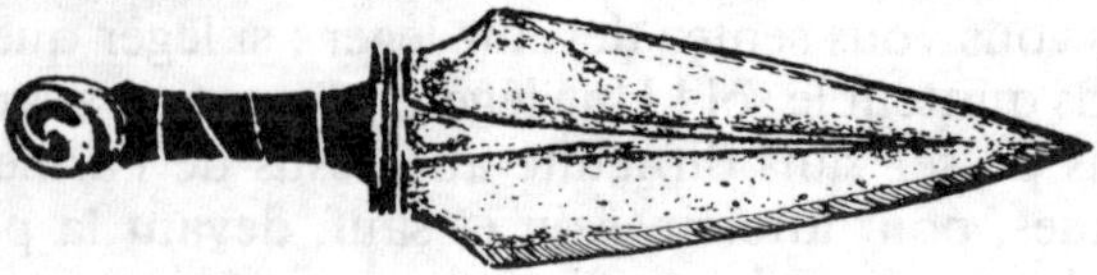

218

Ainsi qu'il en est devant toutes les maisons de jeux, celle-ci est gardée par des hommes de forte corpulence. Des hommes qui vous observent d'un air légèrement amusé alors que vous vous dirigez d'un pas ferme vers la porte. Mais leur expression change du tout au tout, lorsqu'ils vous voient porter la main à la garde de votre épée ! Et c'est presque avec déférence qu'ils s'écartent, pour vous laisser le passage jusqu'au rideau de tissu pourpre qui masque l'entrée de cette espèce de bouge. D'un geste décidé, vous le tirez, et vous découvrez... peu de choses en fait, car il y a une telle fumée que vous plissez les yeux pour essayer d'y voir un peu. Enfin, vos yeux s'accoutument à l'endroit et, après avoir descendu les quelques marches menant dans la salle commune, vous vous installez à une table où deux hommes avinés conversent d'importance. En boîtant, le patron de cet infâme tripot s'approche de vous. Il est borgne et un sourire torve lui déforme le visage. Dans une espèce de ricanement, il vous annonce que cela vous en coûtera 2 Pièces d'Or, si vous désirez jouer. Si vous ne possédez pas ce qu'il vous demande ou si, le possédant, vous n'avez aucunement l'intention de vous mêler à quelque jeu que ce soit, rendez-vous au **48**. Mais si vous avez envie de jouer, rendez-vous au **127**.

219

C'est avec un profond dégoût que vous jetez un regard sur tous ces corps sans vie qui vous entourent étendus sur un sable rougi de sang. En haussant les épaules, vous remettez votre épée dans son fourreau, et vous reprenez ce qui vous semble être le chemin de la ville. Devant vous, l'horizon s'éclaire peu à peu, et bientôt, le soleil surgit de derrière une dune. Sans transition, la fraîcheur de la nuit a fait place à l'atmosphère brûlante du jour. Si vous avez de l'eau, il est temps de vous désaltérer. Sinon, vous perdez 3 points d'ENDURANCE. Aux environs de midi, vous finissez par arriver (et par quel miracle ?) aux portes de la ville. Et c'est dans une semi-inconscience que vous les franchissez, attiré, sans aucun doute, par le bruit de l'eau d'une fontaine proche... Vous vous y précipitez et, votre tête disparaissant presque sous sa surface, vous buvez tout votre saoul, avant de sombrer dans l'inconscience. C'est seulement à la tombée de la nuit que vous reprenez connaissance : vous êtes allongé à côté de la fontaine, non loin, vous semble-t-il, du bazar où vous décidez de retourner. Tout en vous promettant, cette fois, de ne faire confiance à personne ! Dans un coin de la place, les mêmes enfants sont toujours en train de partager les mêmes jeux. Sans doute l'un d'entre eux pourra-t-il vous indiquer où se trouve la maison de Gabbad... Rendez-vous au **190**.

220

Lancez deux dés. Si le résultat obtenu est égal ou inférieur à votre total d'ENDURANCE, rendez-vous au **150**. Sinon, rendez-vous au **95**.

221

De votre ceinture, vous sortez lentement les deux parties de la Tablette de granite. Du bout des doigts, vous caressez les symboles qui y sont gravés : le cartouche royal sur la première, et le faucon sur la seconde. Maintenant que vous les approchez l'une de l'autre, vous constatez qu'elles s'adaptent parfaitement pour former un rectangle de granite de dimension tout à fait semblable à la cavité qui est creusée dans l'un des murs latéraux de l'alcôve. Vous êtes proche du but, vous le savez... pourtant, vous hésitez, l'estomac subitement noué par une sourde inquiétude. La malédiction... si elle existe réellement c'est ici, dans la chambre funéraire de Kar-Thot qu'elle doit obligatoirement se manifester. Le cœur battant, vous hésitez sur l'attitude à adopter. Allez-vous placer la Tablette reconstituée dans la cavité qui semble lui être destinée (rendez-vous au **301**), ou préférez-vous examiner la pierre couverte de hiéroglyphes (rendez-vous au **245**) ?

222

A peine avez-vous saisi l'Epée et le Sceptre, que le pharaon semble se diluer dans l'air, avant de disparaître. Ainsi, toute cette scène n'était qu'une illusion, sans doute créée par les prêtres de Kar-Thot, voilà des siècles, pour protéger la tombe de leur dieu. L'Epée et le Sceptre que vous teniez dans vos mains se sont eux aussi évanouis, et vous vous demandez si vous n'auriez pas dû faire un autre choix... mais vous haussez les épaules, sachant que vous ne connaîtrez jamais la réponse à cette question. Allons, il vous faut pénétrer encore plus profondément dans cette tombe. Vous pouvez quitter cette pièce en vous dirigeant vers une porte qui est située à votre droite : vous vous retrouverez alors dans un corridor que vous prendrez sur la gauche (rendez-vous au **70**). Ou vers la porte située à votre gauche ; où vous vous retrouvez dans un corridor que vous prendrez sur la droite (rendez-vous au **149**). Ces deux portes sont surmontées d'une tête de mort sculptées dans la pierre.

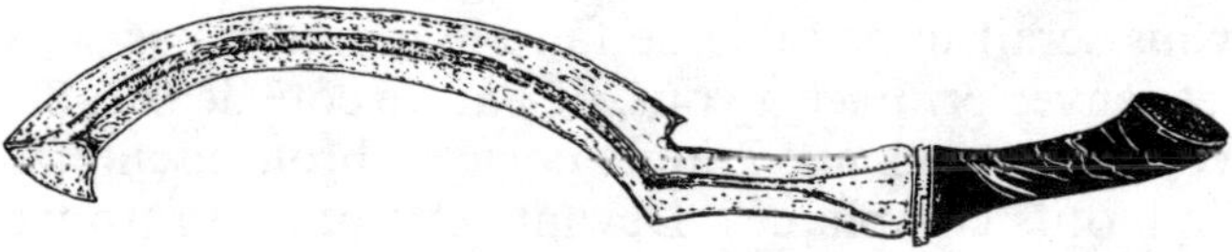

223

Vous sortez la Clé de votre sac, mais aussitôt elle vous échappe des mains pour aller se coller contre le plafond, comme si elle avait été attiré par une force magnétique. Gravés dans une tablette de granite qui est enchassé dans le plafond, non loin de l'endroit où se trouve la Clé, vous pouvez voir le cartouche royal du pharaon Kar-Thot. Si vous possédez une Corde Magique et une Flûte, rendez-vous au **148**. Sinon, rendez-vous au **238**.

224

ENDURANCE :

Si vous venez juste d'inscrire un chiffre dans le carré figurant ci-dessus, rendez-vous au **25**. Mais si un chiffre y figure déjà, rendez-vous au **252**.

225

Enfin, tout cesse de tourner autour de vous et, peu à peu, vous commencez à distinguer les détails du lieu où vous avez été transporté. Vous vous trouvez au centre d'une salle dont le sol est recouvert d'une véritable armée de statues qui toutes mesurent un mètre environ. Ces statues sont celles de serviteurs et de soldats, et elles sont en si grand nombre qu'il vous serait impossible de faire le moindre pas sans les renverser. Face à vous, de l'autre côté de la salle, vous apercevez une grande porte de bronze sculptée de motifs compliqués. Devant cette porte se trouve un espace libre de statues. Avec beaucoup de chance, vous pourriez peut-être essayer d'atteindre cet espace en sautant par-dessus les statues. Si vous choisissez de prendre ce risque, rendez-vous au **254**. Mais peut-être possédez-vous un objet qui pourrait vous être utile ? Rendez-vous, dans ce cas, au **45**.

226

A peine avez-vous tendu le Bâton d'Energie en direction des statues, qu'elles s'animent, et se transforment en une foule de serviteurs et de soldats dont la taille devient subitement pratiquement égale à la vôtre. Maintenant, tous s'inclinent devant vous, dans une attitude de déférence. Puis ils s'écartent, ouvrant un passage menant à une porte de bronze, vers laquelle quelques-uns d'entre eux se précipitent pour l'ouvrir. D'un pas assuré, tenant toujours fermement le Bâton en main, vous vous en approchez, et vous vous retrouvez sur le seuil d'une salle occupée, sur toute sa longueur, par une immense table portant les restes poussiéreux d'un festin servi, à n'en pas douter, voilà de nombreux siècles. Au bout de cette pièce, vous remarquez une nouvelle porte. Vous précédant, les serviteurs vous conduisent à un

225 *Vous vous trouvez au centre d'une salle dont le sol est recouvert d'une véritable armée de statues.*

fauteuil d'ébène incrusté de pierres précieuses, et vous invitent à y prendre place. Puis, l'un d'entre eux vous verse dans un verre la lie poussiéreuse d'un pichet de vin, alors qu'un autre place devant vous un plateau sur lequel repose la carcasse désséchée d'un poulet antédiluvien. Il est tout à fait évident que vous ne ressortirez pas sain et sauf d'un tel repas ! Avez-vous en votre possession un Médaillon en forme de soleil ? Si tel est le cas, rendez-vous au **198**. Sinon, rendez-vous au **181**.

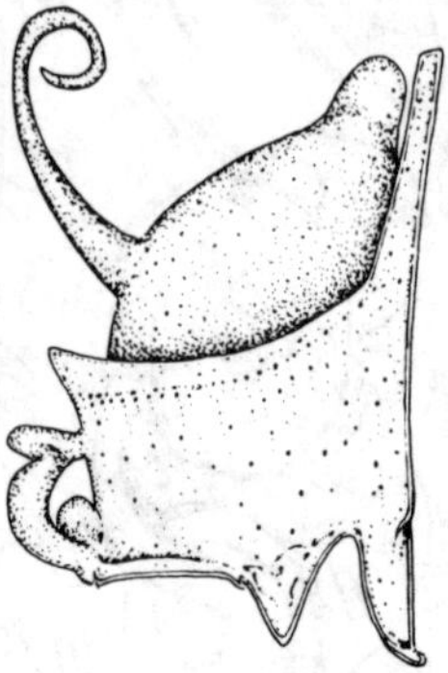

227

En poussant un hurlement, vous jaillissez hors de l'alcôve. L'un des pilleurs de tombes est si effrayé par votre irruption, qu'il est incapable de la moindre réaction. Et c'est le regard rond de surprise qu'il s'effondre sur le sol, transpercé de part en part par votre épée. Son compagnon, cependant, a fait un saut en arrière, tout en tirant son arme. Et maintenant il s'avance vers vous, le visage déformé par la haine.

PILLEUR DE TOMBES ENDURANCE : 12

Lancez deux dés. Si vous faites :

de 2 à 6 : votre adversaire vous blesse, et vous perdez 3 points d'ENDURANCE ;
de 7 à 12 : vous portez un coup au pilleur de tombes, qui perd 4 points d'ENDURANCE, car il n'est pas protégé par une armure.

Si vous êtes vainqueur, rendez-vous au **160**.

228

D'un geste de dégoût vous projetez au loin le serpent et la coupe. Mais vous n'avez pas été assez rapide, et vous inspirez une bonne dose du gaz mortel, qui vous fait perdre 3 points d'ENDURANCE. Si vous êtes toujours vivant, rendez-vous au **146**. Mais vous allez maintenant ressentir une grande faiblesse jusqu'à la fin de votre aventure : soustrayez *définitivement* 1 point de votre Total de Départ d'ENDURANCE.

229

Vous arrivez enfin à l'extrémité de la galerie qui débouche dans une grande pièce comportant deux issues : l'une dans le mur de droite, et l'autre lui faisant face, dans le mur de gauche. Rendez-vous au **186**.

230

Sans dire un mot, Gabbad s'approche de vous et vous tapote l'épaule, un sourire de reconnaissance aux lèvres. Vous vous remettez en marche, et bientôt vous parvenez à l'extrémité de la gorge. Devant vous s'allonge une allée bordée de sphinx de pierre. Elle mène à une petite pyramide, derrière laquelle s'élève une énorme dune de sable. Avec une nervosité évidente, Gabbad vous attrappe par le bras et, approchant sa bouche de votre oreille, comme s'il craignait que quelqu'un puisse l'entendre dans cette étendue déserte, il vous déclare en chuchotant que c'est là l'endroit qu'il a vu des années auparavant. Vous lui jetez un rapide regard et, sans hésiter, vous vous engagez dans l'allée de sphinx. Rendez-vous au **56**.

231

Vous tendez fermement le Bâton dans la direction du monstre, et vous lui expédiez une décharge d'énergie qui le frappe de plein fouet, le brûlant cruellement. Une fumée noirâtre et nauséabonde se dégage maintenant de son corps qui se tord en d'effroyables convulsions. Vous lui avez infligé une terrible blessure. Néanmoins, il se remet à ramper dans votre direction. Et comme votre Bâton ne vous est plus d'aucune utilité, c'est avec votre épée que vous allez devoir combattre.

LA FROIDE HORREUR DE LA NUIT	ENDURANCE : 18

Lancez deux dés. Si vous obtenez :
2 : le démon vous fixe de ses yeux froids. Et soudain, sa gueule s'ouvre, et sa langue en jaillit qui siffle dans votre direction, vous entourant le visage comme la lanière d'un fouet. Brûlé par un puissant venin, vous ne tardez pas à succomber. Votre aventure se termine ici ;
de 3 à 7 : le corps de la créature se détend comme un ressort et vous envoie vous écraser contre le mur, ce qui vous fait perdre 4 points d'ENDURANCE ;
de 8 à 12 : vous parvenez à porter un coup de votre épée au démon qui perd 3 points d'ENDURANCE.

Si vous êtes vainqueur, rendez-vous au **93**.

232

Vous errez pendant des heures et des heures dans le désert, et vous êtes au bord du découragement lorsque, soudain, vous apercevez non loin de vous une petite hutte faite en terre séchée. Si vous désirez vous en approcher, rendez-vous au **170**. Mais si, craignant un piège, vous préférez vous en éloigner, rendez-vous au **39**.

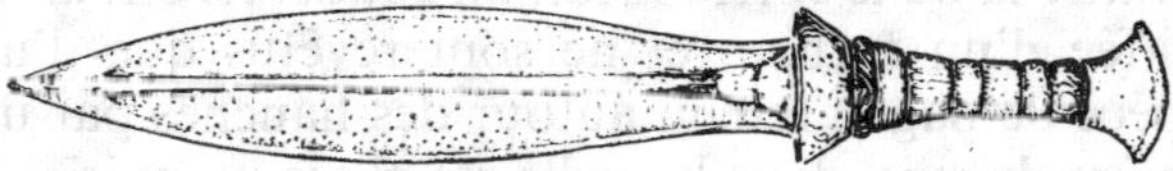

233

Le Sphinx vous révèle qu'il vous est nécessaire de découvrir l'autre partie de la Tablette de granite, si vous voulez vaincre la malédiction du pharaon. Elle se trouve cachée quelque part au fond de la tombe. Mais il ne sait rien de plus à ce sujet. Si vous désirez poser une nouvelle question, cela vous en coûtera 1 Pièce d'Or supplémentaire. Revenez, dans ce cas, au **280**. Sinon, rendez-vous au **275**.

234

Vous n'avez plus affaire qu'à un seul pilleur de tombes, maintenant. Et il avance lentement vers vous, son redoutable poignard en main.

PILLEUR DE TOMBES ENDURANCE : 12

Lancez deux dés. Si vous obtenez :
de 2 à 6 : vous êtes blessé, et vous perdez 3 points d'ENDURANCE ;
de 7 à 12 : vous donnez un coup d'épée à votre adversaire qui perd 4 points d'ENDURANCE.

Si vous êtes vainqueur, rendez-vous au **160**.

235

Vite, vous soufflez votre torche, et vous vous glissez derrière une des tapisseries en lambeaux qui pend le long du mur. La poussière qui s'en dégage vous suffoque à moitié, mais vous reprenez vite votre respiration et, aussi immobile qu'une statue de pierre, vous observez ce qui se passe dans le corridor par une déchirure du tissu. Deux hommes viennent d'apparaître là où le corridor fait un coude. Ils ont la tête coiffée d'un turban, et ne sont revêtus que d'une espèce de pagne retenu autour des hanches par une lanière de cuir, dans laquelle est glissé un poignard. Vous voilà en présence de pilleurs de tombes, cela ne fait aucun doute. Ils parlent avec excitation, en regardant, les yeux brillants, une corde que l'un d'eux tient dans la main. Et il y a effectivement de quoi être excité, car la corde se dresse dans la main de l'homme comme un bâton, et il semble avoir la plus grande difficulté à l'abaisser devant lui. Qu'allez-vous faire ? Allez-vous jaillir de votre cachette pour les attaquer (rendez-vous au **227**), ou préférez-vous les laisser passer pour reprendre votre chemin une fois qu'ils auront disparu (rendez-vous au **268**) ?

236

Vous marchez encore quelques heures dans le désert et, enfin, vous arrivez en vue d'une allée bordée de part et d'autre par des sphinx de pierre. Cette allée conduit à une petite pyramide, derrière laquelle vous pouvez voir une énorme dune de sable. Vous vous dirigez vers l'allée, et vous vous approchez de l'un des sphinx, laissant le vieil homme poursuivre seul son chemin en direction de la pyramide. Le sphinx mesure environ deux mètres de haut, et son poitrail est gravé de hiéroglyphes qu'il vous est malheureusement impossible de déchiffrer. Entre ses pattes se trouve un récipient de pierre qui a été posé là, très certainement dans le but de recueillir les offrandes des voyageurs, car il contient un grand nombre de Pièces d'Or qui brillent dans le soleil. Si cet or vous tente, vous pouvez essayer de prendre quelques-unes des pièces (rendez-vous au **32**). Mais vous pouvez également faire l'offrande d'une Pièce d'Or au sphinx (rendez-vous au **280**) ou, vous en désintéressant, rejoindre le vieil homme qui se trouve à présent au pied de la pyramide (rendez-vous au **275**).

237

La seule eau dont vous pourriez disposer maintenant est celle contenue dans l'Outre Magique d'Ahmed... à la condition que vous ayez acheté cet objet au bazar ! Si vous avez eu la précaution de le faire, vous vous désaltérez à longues gorgées, ce qui vous permet d'ajouter 2 points à votre total d'ENDURANCE. (Cette Outre ne pouvant plus vous servir maintenant, n'oubliez pas de la rayer de votre Feuille d'Aventure). Rendez-vous au **116**. Mais si vous ne possédez pas l'Outre d'Ahmed, rendez-vous au **272**.

238

Vous avancez avec précautions dans le corridor obscur, en tenant haut votre torche devant vous, et vous ressentez dans votre nuque un picotement désagréable lorsque vous réalisez que vos pieds soulèvent une couche de poussière qui n'a jamais dû être foulée depuis la fermeture de la tombe qui a suivi la mort du pharaon Kar-Thot. Tout à coup, vous ressentez un courant d'air froid qui balaie le corridor dans toute sa longueur, vous projetant au visage d'épais nuages de poussière, et soufflant brutalement la flamme de votre torche. Le cœur battant, vous vous trouvez maintenant dans la plus totale obscurité et, en maugréant, vous essayez de rallumer votre toche, le visage baigné de sueur, malgré le froid qui vous glace les os. A propos, avez-vous accroché un Œil de cristal au dos de votre manteau ? Si tel est le cas, rendez-vous au **273**. Sinon, rendez-vous au **131**.

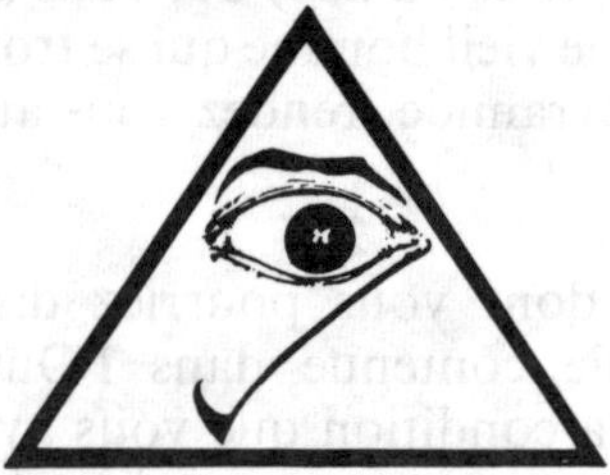

239

Vous dirigez l'extrémité du Bâton vers les statues, et aussitôt une décharge d'énergie en jaillit, les réduisant instantanément en cendres. N'oubliez pas de mentionner cette décharge en moins sur votre Feuille d'Aventure. Traversant la salle à grand pas, vous vous dirigez vers une porte de bronze qui s'ouvre sans difficulté, et vous vous retrouvez sur le seuil d'une pièce de larges dimensions, dont toute la longueur est occupée par une immense table portant les restes poussiéreux d'un festin servi, à n'en pas douter, voilà des siècles et des siècles. En réprimant une grimace de dégoût, vous traversez également cette pièce. Rendez-vous au **62**.

240

Vous vous engagez dans la galerie qui s'élève en pente douce devant vous. Mais à peine avez-vous fait quelques pas que vous posez le pied sur une dalle dépassant légèrement du sol. Sous votre poids, elle s'enfonce dans un cliquetis inquiétant, bientôt suivi par un vacarme épouvantable. Levant la tête, vous voyez surgir, tout en haut du passage, l'énorme masse d'un volumineux boulet de pierre qui dévale la pente dans votre direction. Vous n'avez que quelques secondes pour prendre une décision. Sur votre droite se trouve une petite cavité. Peut-être est-elle suffisamment profonde pour vous permettre d'éviter le projectile en vous tassant dedans ? Si vous décidez de prendre ce risque, rendez-vous au **43**. Mais si vous préférez faire demi-tour, et redescendre ce passage le plus vite que vous le pourrez, rendez-vous au **89**.

241

Inutile de vous cacher la vérité : vous êtes bel et bien pris au piège. Cependant, quelque chose vous dit que vous auriez tout intérêt à poser l'urne sur l'autel qui se trouve au centre de cette pièce. Vous vous dirigez donc vers l'autel sur lequel vous déposez avec précautions le récipient que vous débarrassez de son bouchon de cire. Aussitôt il s'en échappe un nuage de fumée à l'odeur nauséabonde qui s'élève dans les airs en prenant peu à peu la forme d'un être repoussant. L'urne explose alors dans une violente détonation, libérant des volutes encore plus épaisses de cette effroyable fumée. Pas à pas, vous reculez jusqu'à sentir le mur contre votre dos. La forme a maintenant d'énormes proportions, et se dresse jusqu'au plafond, en prenant l'apparence du démon Boos le Dévoreur. Il bâille d'un air de profond ennui, et soudain sa voix sourde résonne dans le silence comme le grondement du tonnerre :

— L'heure du sacrifice annuel est venue ! C'est pour cela que l'on a osé me tirer de mon sommeil ! Alors, où se trouve la victime ? Vite !

Vous voilà dans une fâcheuse situation. Car, à moins que vous ne possédiez quelque chose qui pourrait le contenter, il est tout à fait évident que c'est vous qui allez être sacrifié ! Possédez-vous une Corde Magique, une Flûte, une Clé, un Œil de cristal ? Si vous avez l'un ou l'autre de ces objets, rendez-vous au **248**. Sinon, rendez-vous au **289**.

242

Le spectacle que vous offre la chambre funéraire est stupéfiant. Tout d'abord, ses murs sont recouverts de feuilles d'or sculptées, sur lesquelles la flamme de votre torche se reflète à l'infini dans des éclairs de lumière qui vous aveuglent presque. Mais ce qui est encore plus impressionnant est l'amoncellement de richesses qui ont été déposées en ce lieu. En effet, le sol est encombré de coffres faits des bois les plus précieux, et pleins à ras bords de joyaux qui étincellent de mille couleurs, de couronnes qui ont dû être portées par les plus puissants monarques de l'antiquité, de bracelets ciselés, de miroirs incrustés de diamants, rubis, saphirs provenant de contrées dont l'homme a perdu le souvenir depuis longtemps... Ce n'est pas le trésor d'un pharaon qui se trouve maintenant sous vos yeux, mais les trésors accumulés par une longue, très longue dynastie de pharaons ! Au milieu de toutes ces merveilles, se trouve un énorme sarcophage d'or pur. Il est ouvert, et contient une momie dont les bandelettes sont intactes. Il est posé là, le haut contre un mur dans lequel s'ouvre, juste au-dessus de lui, une alcôve suffisamment haute et profonde pour que vous puissiez vous y tenir. Cette alcôve diffuse une étrange lueur bleu-doré et, en vous en approchant, vous constatez que le sol en est couvert d'une fine poussière, dans laquelle vous remarquez des fragments d'os humains. Sur un des

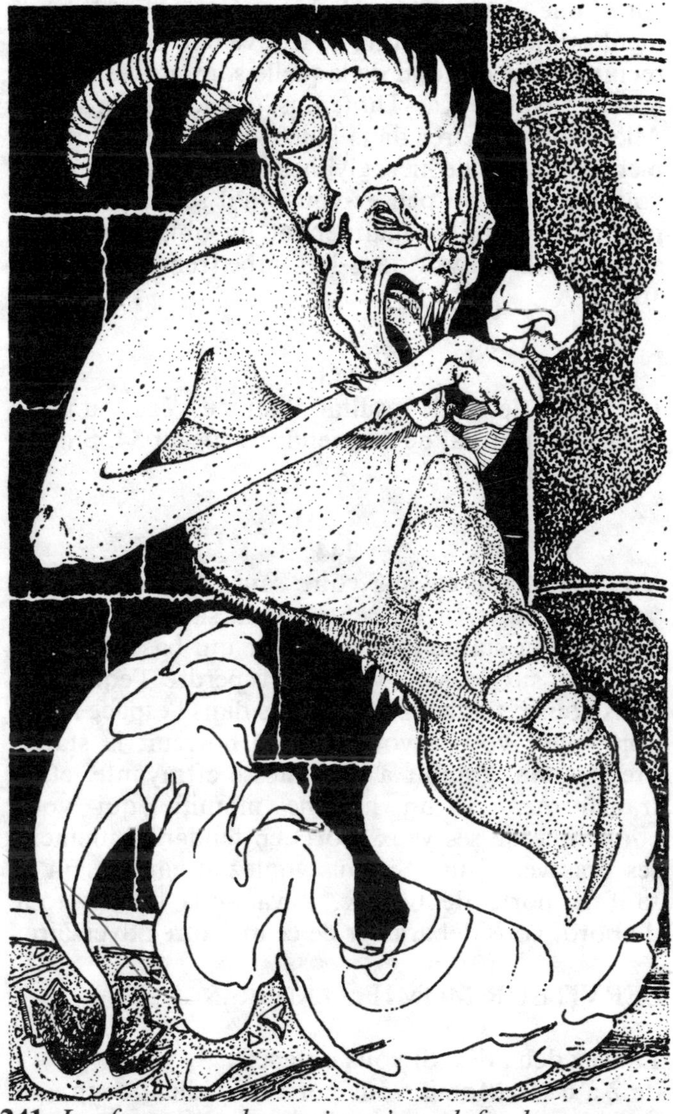

241 *La forme se dresse jusqu'au plafond en prenant l'apparence du démon Boos le Dévoreur.*

côtés, une pierre gravée de hiéroglyphes fait légèrement saillie. Dans l'autre se trouve une petite cavité rectangulaire au fond de laquelle sont gravés le cartouche royal de Kar-Thot, ainsi que le faucon sacré. Allez-vous pénétrer dans l'alcôve pour examiner la pierre couverte de hiéroglyphes de plus près (rendez-vous au **245**), ou pensez-vous qu'il serait peut-être plus sage d'utiliser maintenant un objet que vous auriez pu découvrir dans la tombe (rendez-vous au **165**) ?

243

Jetez deux dés. Si le résultat obtenu est égal ou inférieur à votre total de PSI, rendez-vous au **54**. Sinon, rendez-vous au **167**.

244

Vous avez mal calculé votre saut. Au moment où vous allez atterrir au centre de la salle, votre pied accroche la statue d'un serviteur qui bascule, et sc renverse sur le sol. Manquant perdre l'équilibre, vous vous rétablissez néanmoins dans l'espace laissé libre, pour voir, à votre grande horreur, la statue prendre vie, grandir à une vitesse effrayante, et se transformer en un homme momifié qui vous contemple de ses yeux morts en tendant lentement ses bras vers vous. Si vous voulez atteindre sain et sauf la porte de bronze, il va vous falloir, tout d'abord, vous débarasser de ce macabre adversaire.

SERVITEUR MOMIE ENDURANCE : 9

Lancez deux dés. Si vous obtenez :
de 2 à 6 : la Momie vous porte un violent coup, qui vous fait perdre 3 points d'ENDURANCE ;

de 7 à 12 : votre épée entaille la chair morte de votre adversaire qui perd 3 points d'ENDURANCE.

Si vous êtes vainqueur, rendez-vous au **246**.

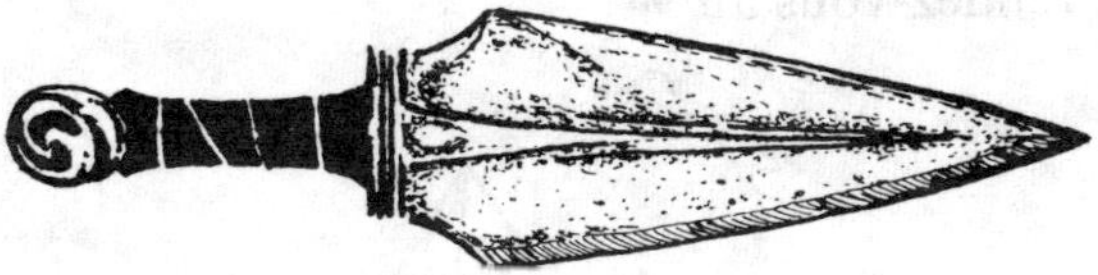

245

Vous pénétrez dans l'alcôve, et vous vous penchez vers la pierre. Les hiéroglyphes sont couverts d'une fine couche de poussière qui vous empêche de les déchiffrez. Du bout des doigts, vous les époussetez et, dans la lueur bleu-doré dont vous êtes baigné, vous lisez lentement : « Kar-Thot le Magnifique ne peut offrir à ceux qui profanent sa tombe que sa Malédiction. » Horrifié, vous faites un pas en arrière, mais il est trop tard. En débarrassant de sa poussière le dernier hiéroglyphe, vos doigts ont fait jouer un mécanisme qui projette les deux murs latéraux de l'alcôve l'un vers l'autre, formant une effroyable machine de pierre qui broie, en une seconde, tous les os de votre corps. La malédiction du pharaon vient de faire une nouvelle victime.

246

La Momie tombe en arrière en poussant un gémissement qui vous glace le sang. Tout en rengainant votre épée, vous vous tournez vers la porte de bronze. Vous devez faire un nouveau saut pour l'atteindre ! Jetez deux dés. Si le résultat obtenu est égal ou inférieur à votre total d'HABILETE, rendez-vous au **263**. Sinon, rendez-vous au **18**.

247

Vous revenez à l'intersection et, continuant tout droit, vous arrivez à la hauteur du corps étendu sur le sol. Possédez-vous une Flûte ? Si oui, rendez-vous au **73**. Mais si vous n'avez pas cet objet dans votre sac, rendez-vous au **94**.

248

En jetant un regard apeuré vers le démon, vous placez l'objet sur l'autel, et vous poussez un soupir de soulagement en constatant que votre offrande semble le contenter. Lentement, il abaisse une main immatérielle au-dessus de votre tête, et aussitôt tout commence à tourner autour de vous. Rendez-vous au **225**.

249

Vous franchissez l'arche, et vous vous retrouvez dans un corridor que vous suivez sur une courte distance. En effet, au bout de quelques pas, il débouche sur un passage aux murs de briques qui lui est perpendiculaire. En regardant vers la gauche, il vous semble apercevoir la forme d'un corps étendu sur le sol. En revanche, il vous est impossible d'apercevoir quoi que ce soit vers la droite. Qu'allez-vous faire ? Préférez-vous tourner à gauche (rendez-vous au **257**) ou à droite (rendez-vous au **238**) ?

250

Il était temps : vous avez eu le réflexe nécessaire pour retirer vos mains de ce nid de scorpions avant qu'ils ne vous piquent de leur dard venimeux ! En réprimant un frisson de dégoût, vous décidez que vous avez perdu assez de temps comme cela auprès de ce Sphinx, et vous vous dirigez d'un pas rapide vers le bout de l'allée. Rendez-vous au **31**.

251

Vous jetez loin de vous le serpent et la coupe d'où s'échappent toujours les vapeurs empoisonnées. Vos réflexes viennent de vous sauver la vie, et c'est avec la plus grande prudence que vous examiner à nouveau le socle de pierre. Rendez-vous au **146**.

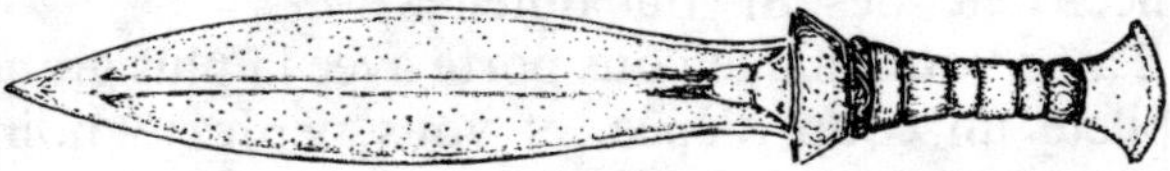

252

Vous pénétrez dans une salle éclairée par une lueur diffuse — d'origine magique, sans aucun doute qui projette de grandes ombres de vous sur tous les murs. Intrigué, vous faites encore quelques pas, et vous vous arrêtez net en voyant une silhouette surgir dc l'ombre, juste en face de vous. La silhouette s'est arrêtée au moment même où vous vous arrêtiez et, vos yeux s'accoutumant à la demi-obscurité, vous constatez avec effroi que vous faites face à un guerrier à l'air farouche, revêtu d'une solide armure, et portant la longue cape blanche des voyageurs du désert. Dans sa main droite, il tient la poignée d'une redoutable épée... une épée semblable en tout point à la vôtre ! Et il est solidement campé sur ses jambes, dans une couche de poussière aussi épaisse que celle dans laquelle vous êtes enfoncé jusqu'à mi-chevilles... Horrifié, vous commencez à comprendre : vous levez le bras : il lève le même bras. Vous faites un pas en avant : il fait de même ! Il faut vous rendre à l'évidence : vous vous trouvez devant une image de vous-même, née d'un miroir maléfique. C'est donc contre vous-même que vous allez devoir vous battre.

GUERRIER
DU MIROIR — ENDURANCE : (revenez au paragraphe **224**. Le chiffre porté dans le carré vous donnera le total d'ENDURANCE de votre double).

Lancez deux dés. Si vous obtenez :
de 2 à 6 : votre image vous porte avec la plus grande habileté un coup d'épée, et vous perdez 3 points d'ENDURANCE ;
de 7 à 12 : connaissant tous les tours dont vous êtes capable, vous assénez à votre double un violent coup qui lui fait perdre 3 points d'ENDURANCE.

Si vous êtes vainqueur, rendez-vous au **136**.

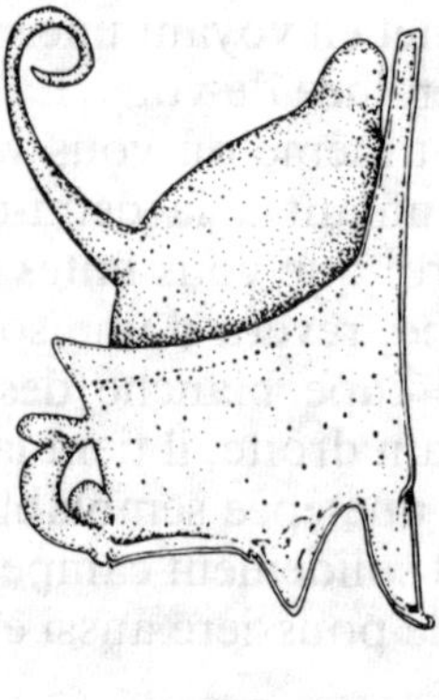

253

Voyant son comparse étendu sans vie à ses pieds, votre deuxième assaillant fait demi-tour, et s'élance à travers l'auberge dont il franchit la porte, aussi rapide qu'une flèche. Sans perdre un instant, vous vous lancez à sa poursuite. Mais la peur lui a donné des ailes ! Et vous le voyez disparaître dans l'une des ruelles débouchant sur la place. Constatant qu'il serait inutile de continuer cette poursuite, vous rengainez votre épée en jurant, et vous vous dirigez vers un groupe d'enfants jouant non loin de là. Rendez-vous au **190**.

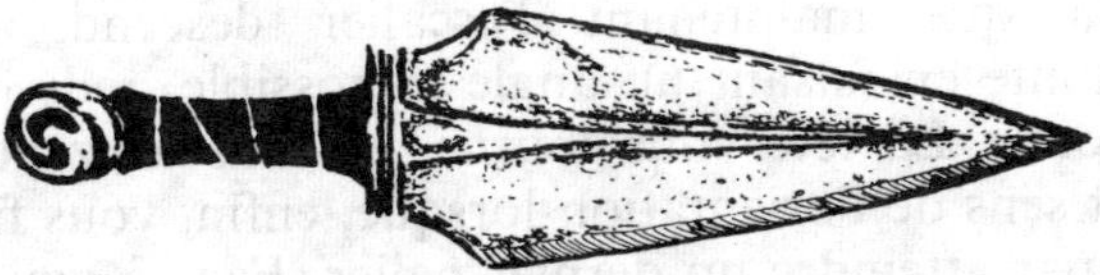

254

Jetez deux dés. Si le résultat obtenu est égal ou inférieur à votre total d'HABILETE, rendez-vous au **263**. Sinon, rendez-vous au **18**.

255

L'un après l'autre, vous déposez sur l'autel les différents objets que vous possédez. Mais rien ne se produit. Et c'est sans plus de succès que vous recommencez cet exercice à plusieurs reprises. Enfin, la gorge nouée par la terreur, vous vous précipitez vers les portes que vous secouez avec la plus grande violence. Mais elles ont été faites du cuivre le plus solide, et elles ne bougent pas d'un pouce. Vous êtes pris au piège. Kar-Thot peut se réjouir : le temps où sa malédiction sera déjouée est loin d'être arrivé ! Votre aventure se termine ici.

Enfin, vous arrivez au sommet de l'escalier, totalement trempé de sueur tant vous avez dû déployer d'efforts. D'autant plus que la température s'est sensiblement élevée. Très certainement vous êtes maintenant dans la pyramide de Kar-Thot le Magnifique, et non loin de la surface du sol. En regardant tout autour de vous, vous constatez que vous vous trouvez en fait sur un palier. En effet, l'escalier se poursuit, faisant un angle de 180° avec la partie que vous venez d'escalader et menant à un nouveau palier, où il continue encore après un nouvel angle identique. En grimaçant, vous reprenez votre ascension. Mais voilà que maintenant l'escalier descend, puis remonte en faisant un angle impossible, redescend encore... La tête vous tourne, et vous avez perdu tout sens de l'orientation lorsque, enfin, vous finissez par atteindre un dernier palier. Face à vous, se trouve une haute porte de cuivre à double battant, sculptée des horribles symboles qui sont les attributs du démon, Boos, le Dévoreur. Malgré la chaleur qui est à présent étouffante, vous ne pouvez vous empêcher de frissonner. Néanmoins, il est trop tard pour reculer et, prenant votre courage à deux mains, vous poussez les lourds battants qui s'ouvrent dans d'effroyables grincements. Devant vous se trouve une salle d'imposantes dimensions, consacrée à n'en pas douter au démon lui-même. En effet, tous les murs portent en relief des scènes le représentant dans des attitudes ricanantes, dansant au milieu de ses futures victimes. Au centre de la salle se dresse un autel et, dans le mur opposé à l'endroit où vous vous tenez s'ouvre une porte identique à celle que vous venez de franchir. L'atmosphère qui règne en ces lieux est telle que la terreur vous saisit ; et vous allez faire demi-tour pour vous enfuir à toutes jambes, lorsque vous sursautez en entendant le bruit sourd des battants de la porte qui viennent de se refermer derrière vous ! Si vous avez eu entre les mains une urne qui vous aurait été confiée par un vieil homme dans le désert, mais que vous ne la possédiez plus à présent, rendez-vous au **27**. Si vous êtes toujours en possession de cette urne, rendez-vous au **241**. Enfin, si vous n'avez jamais entendu parler de cet objet, rendez-vous au **292**.

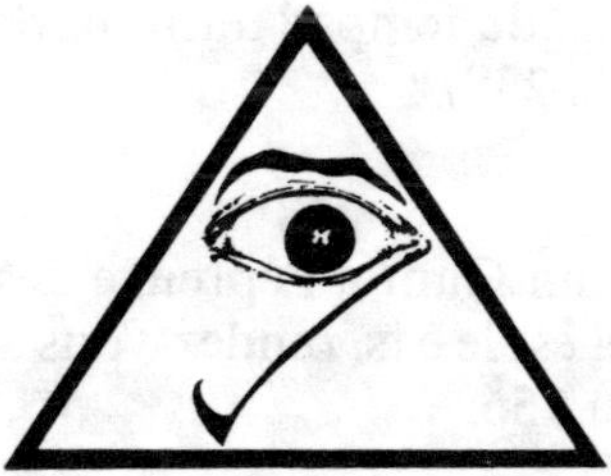

257

Pensant qu'il est préférable de faire face à un danger visible, plutôt que de vous engager dans l'inconnu, vous prenez résolument le passage sur votre gauche. Vite, vous arrivez à la hauteur du corps qui repose sur le sol, et vous constatez alors que vous vous trouvez dans un cul-de-sac. Ou, plus exactement, dans un passage dont le percement n'aurait pas été mené à terme, à en juger par les paniers d'osier remplis de gravats qui sont disposés çà et là, au milieu de pelles, de pics et autres outils du même genre. Quant au corps, c'est celui d'un homme ; il est étendu face contre terre, et est revêtu d'un ample manteau poussiéreux de couleur claire assombri de taches de sang là où il a été percé de nombreux coups de poignard. L'une de ses mains est ouverte, et semble avoir laissé échapper une Flûte d'ivoire sculpté qui a dû se briser lors de sa chute, car elle est en deux morceaux. Vous vous baissez pour la ramasser, mais vous constatez alors qu'elle n'est absolument pas brisée, car ses deux parties peuvent s'assembler l'une dans l'autre. Cet instrument de musique étant le seul objet intéressant que vous remarquez dans ce lieu, vous décidez de l'emporter avec vous. Mais allez-vous en assembler les deux morceaux immédiatement (rendez-vous au **73**), ou préférez-vous la ranger telle quelle dans votre sac pour aller explorer sans perdre plus de temps l'autre partie du passage (rendez-vous au **238**) ?

258

Possédez-vous un Gant à l'épreuve des morsures de serpents ? Si tel est le cas, rendez-vous au **184**. Sinon, rendez-vous au **156**.

259

Votre épée transperce de part en part le corps de votre adversaire, dont l'énorme masse s'écroule — sans vie — sur le sol. Alors que vous vous attendiez à des hurlements saluant votre victoire, vous êtes surpris du silence de mort qui règne à présent autour de vous. En haussant les épaules, vous essuyez votre arme au manteau noir du Maître de l'Epée. Le jeune garçon vient de rompre les rangs des spectateurs, et il vous tire maintenant par la manche, vous faisant signe de le suivre. Vous faites quelques pas en direction de la foule qui, comme par magie, s'écarte pour vous laisser le passage. Bien que vous soyez observé par des yeux plus que menaçants, personne ne prend le risque de vous suivre, et vous quittez la place en vous engageant, derrière votre guide, dans une ruelle sombre. Peu de temps après, vous êtes de retour chez Gabbad. Rendez-vous au **59**.

257 *L'une des mains de l'homme est ouverte, et semble avoir laissé échapper une Flûte d'ivoire sculptée qui a dû se briser lors de sa chute.*

260

L'apparition lance son dé, frottant par avance les os de ses mains les uns contre les autres. Le dé roule, hésite, et s'immobilise. Quatre. La mâchoire de votre adversaire cliquette de satisfaction. Avec nonchalance, vous jetez votre propre dé. Six, bien entendu. En poussant un lugubre gémissement, l'apparition s'évanouit. Rendez-vous au **261**.

261

Ce petit jeu a quand même mis vos nerfs à rude épreuve, et c'est le cœur battant que vous vous ruez hors de la pièce, en remerciant le ciel de vous avoir permis de vous en tirer à si bon compte. Vous marchez maintenant à grands pas dans un corridor qui monte en pente douce. Rendez-vous au **192**.

262

Vous introduisez la Clé dans la serrure et, en retenant votre souffle, vous essayez de la tourner. Elle pivote facilement, et vous poussez la porte qui donne dans une chambre dont les murs sont entièrement recouverts de panneaux de bois. Un Bâton, réplique exacte d'un sceptre pharaonique, se trouve en plein milieu de cette pièce, en suspension dans l'air. Spectacle d'autant plus hallucinant qu'il est entouré d'un halo de couleur bleutée. Prudemment, vous faites un pas, puis deux, à l'intérieur de la pièce. Le halo diminue d'intensité. N'écoutant que votre courage, vous avancez encore jusqu'à n'être plus éloigné que de quelques centimètres de l'objet magique. La lumière bleue a maintenant entièrement disparu et, avançant le bras, vous vous saississez du Bâton. Aussitôt, votre corps est traversé par la force des pouvoirs accumulés dans ce Bâton d'Energie depuis des millénaires. Cet objet renferme trois décharges d'énergie (notez tous ces détails sur votre Feuille d'Aventure), et il vous sera précisé quand il vous sera possible de l'utiliser. Devant vous, une porte s'ouvre lentement, sans doute actionnée grâce à un mécanisme lié au Bâton, révélant une salle de grandes dimensions dont le sol est encombré de statues de serviteurs et de soldats, hautes d'environ un mètre. Toutes sont tournées vers vous, le visage respectueusement incliné. Très certainement leur attitude est en relation avec le Bâton d'Energie que vous tenez à la main, et vous décidez de l'utiliser pour vous frayer un chemin à travers cette véritable armée. Mais allez-vous lancer vers les statues une décharge d'énergie (rendez-vous au **239**), ou préférez-vous, en tendant le Bâton devant vous, leur ordonner de vous obéir (rendez-vous au **226**) ?

263

Vous prenez un court élan et vous bondissez au-dessus des statues. Vous atterrissez devant la porte sans problème, et vous la poussez en préférant ne pas regarder ce qui peut se passer derrière vous ! Vous vous trouvez maintenant sur le seuil d'une salle qui devait être utilisée pour les festins mais, sans plus vous poser de questions, vous la traversez d'un pas rapide. Rendez-vous au **62**.

264

Vous faites un geste pour éloigner votre main, mais vous n'avez pas été suffisamment rapide : un des scorpions vient de vous planter son dard en plein dans la paume. Avec terreur, vous sentez son venin mortel s'écouler dans vos veines. Vous perdez 6 points d'ENDURANCE et, si vous êtes vivant, vous vous éloignez en chancelant de ce Sphinx maudit. C'est dans l'épuisement le plus total que vous arrivez à l'extrémité de l'allée. Rendez-vous au **31**.

265

Vous saisissez le Médaillon en pensant que s'il a pu créer l'illusion de nourriture auparavant, il vous aidera peut-être à avaler celle qui se trouve maintenant devant vous ! Et en effet, à la seconde même où vous le déposez sur la table, les récipients poussiéreux débordent presque d'un vin plus rouge que le rubis, les restes momifiés de poulet se transforment en appétissants volatiles grillés, et les paniers s'emplissent de grappes de raisin, de pommes et d'oranges du plus bel effet. Vous pouvez manger et boire tout votre saoul, ce qui vous permettra, une fois que vous serez rassasié, d'ajouter 6 points à votre total d'ENDURANCE. Rendez-vous, ensuite, au **62**.

266

Si toutefois vous possédez ces objets, vous pouvez prendre une Clé (rendez-vous au **223**), ou une Outre Magique (rendez-vous au **211**). Mais si vous ne possédez ni l'une ni l'autre, vous faites demi-tour, et vous vous dirigez vers l'autre extrémité du passage (rendez-vous au **238**).

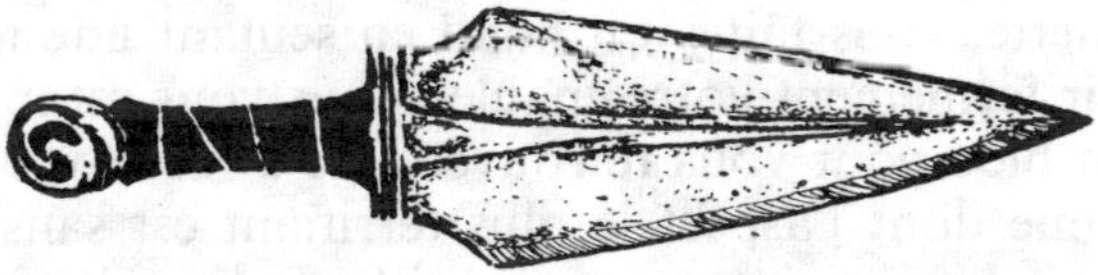

267

Non sans peine vous parvenez, à l'aide de votre épée, à percer dans la porte une ouverture suffisamment large pour que vous puissiez vous y glisser. Et c'est en transpirant abondamment que vous vous retrouvez, maintenant, dans une chambre dont les murs sont entièrement recouverts de panneaux de bois. En reprenant votre souffle, vous promenez votre regard tout autour de vous, et soudain vous sursautez en apercevant ce que la sueur qui vous piquait les yeux vous avait caché jusqu'alors : en plein milieu de la pièce, flottant dans l'air et entouré d'un halo bleuté, se trouve une espèce de Bâton, réplique exacte des sceptres pharaoniques ! Une autre porte, sans serrure apparente, celle-là, s'ouvre dans le mur situé à l'opposé de l'endroit où vous vous tenez. Il vous est bien entendu possible d'essayer de vous saisir de ce Bâton (rendez-vous au **52**), mais si vous redoutez un piège, vous pouvez également le contourner pour gagner la porte (rendez-vous au **159**).

En retenant votre souffle, vous voyez les pilleurs de tombes passer devant l'endroit où vous êtes caché, en racontant avec forces détails ponctués de cruels éclats de rire, comment ils viennent d'assassiner l'homme à qui appartenait la Corde Magique. Bientôt le son de leurs voix décroît, et vous ne tardez pas à vous retrouver seul, dans un lourd silence. Mais alors que vous vous apprêter à sortir de votre cachette, vous faites un bond en sentant une main saisir fermement votre épaule. Vous vous retournez d'un bloc pour vous retrouver face à face avec une Momie dont l'aspect le plus terrifiant est sans nul doute deux points rouges brillant dans les deux étroites fentes laissées libres, à la hauteur des yeux, dans les bandelettes dont elle est entièrement recouverte ! Dans son autre main, elle tient un poignard recourbé qu'elle lève dans l'intention manifeste de vous en porter un coup mortel. Impossible d'éviter ce combat.

MOMIE ENDURANCE : 12

Lancez deux dés. Si vous obtenez :
de 2 à 6 : la lame effilée du poignard vous déchire la main, et vous perdez 3 points d'ENDURANCE :
de 7 à 12 : vous frappez la Momie qui perd 3 points d'ENDURANCE.

Si vous êtes vainqueur, rendez-vous au **172**.

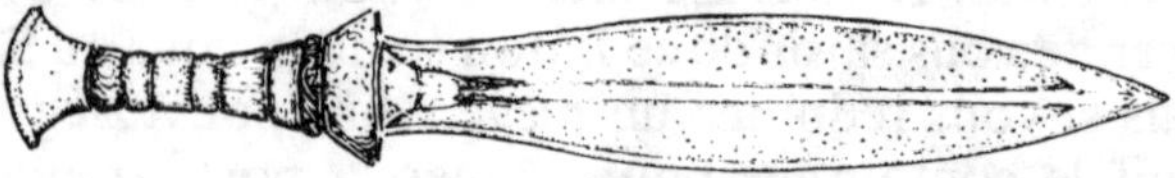

269

Le Guerrier tombe lourdement sur le sol, reprenant son apparence de statue. Mais ce faisant, il bouscule les statues qui l'environnent et qui, à leur tour, prennent vie. Il vaut mieux ne pas vous attarder dans cet enfer, et vous vous ruez vers la porte. Rendez-vous au **66**.

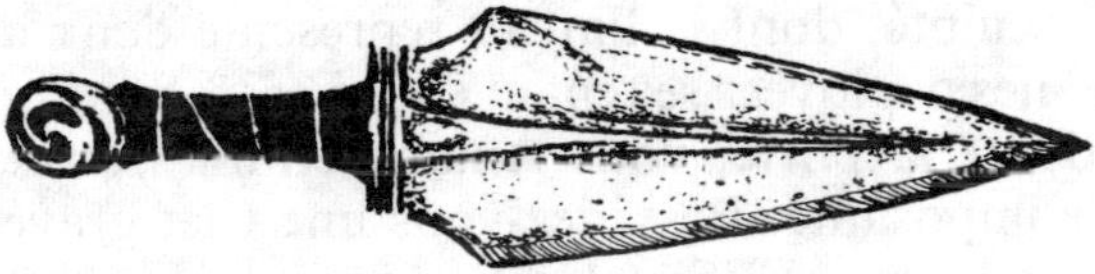

270

A peine avez-vous saisi l'Epée et la Tablette que le pharaon semble se diluer dans l'air, avant de disparaître. Ainsi, toute cette scène n'était qu'une illusion, sans doute créée par les prêtres de Kar-Thot voilà des siècles, pour protéger la tombe de leur dieu. L'Epée elle aussi a disparu. Mais la Tablette, quant à elle, est toujours là, au creux de votre main. Fébrilement, vous sortez de votre ceinture celle qui avait été découverte par Gabbad et, les approchant l'une de l'autre, vous constatez qu'elles s'assemblent très exactement l'une avec l'autre ! Avec précautions, vous les placez dans votre ceinture. Vous pouvez maintenant quitter ce lieu en vous dirigeant vers la porte de gauche, après laquelle vous vous retrouverez dans un corridor que vous prendrez sur la droite (rendez-vous au **149**), ou vers celle de droite, qui donne dans un corridor que vous prendrez sur la gauche (rendez-vous au **70**). Ces deux portes sont surmontées d'une tête de mort sculptée dans la pierre.

271

La Corde ne perd rien de sa rigidité lorsque vous commencez à grimper. Dans le plafond est gravé le cartouche royal de Kar-Thot. Du bout des doigts, vous poussez la dalle gravée qui pivote, révélant une ouverture dans laquelle vous vous glissez. Non sans mal, vous prenez pied dans une petite pièce aux murs de granite. Devant vous se trouve une porte de bois sculpté, dont le linteau représente deux aigles aux ailes déployées se tenant côte à côte. Sur l'un des bords de la porte, vous remarquez une serrure de taille imposante. Possédez-vous une Clef gravée du cartouche royal ? Si tel est le cas, rendez-vous au **262**. Mais si vous n'avez pas cette Clef, vous n'avez pas d'autre solution que d'essayer d'enfoncer cette porte d'une façon ou d'une autre (rendez-vous au **267**).

272

Votre soif est si intense, que vous perdez 3 points d'ENDURANCE. Si vous êtes toujours vivant, rendez-vous au **116**.

273

Grâce à votre Œil Magique, vous pouvez apercevoir, derrière vous, une forme à l'allure effroyable dont le corps de couleur grisâtre semble aussi craquelé que s'il avait été modelé dans la boue qui aurait séché. Bien que son visage soit d'apparence grossièrement humaine, ses yeux de félin et ses redoutables crocs ne vous laissent aucun doute : vous avez affaire à un démon de la pyramide. Et vous ne pouvez vous empêcher de frissonner en constatant que ses pieds et ses mains se terminent par de formidables griffes. La créature tient dans l'une de ses mains — mais il faudrait plutôt parler

273 *Vous frissonnez en constatant que les pieds et les mains du démon se terminent par de formidables griffes.*

de patte — un court poignard. Dans l'autre, est posé un cœur humain... Vous accélérez le pas... en vain. Elle se rapproche de vous à une vitesse qui ne vous laisse aucune illusion. Vous faites donc demi-tour, l'épée en main. La créature a un aspect encore plus repoussant que vous ne l'imaginiez. Mais vous ne pouvez faire autrement que la combattre.

LE DEVOREUR
DE CŒURS ENDURANCE : 15

Lancez deux dés. Si vous obtenez :
2 : lâchant son poignard, le monstre se précipite sur vous et vous enfonce ses puissantes griffes dans le dos. Avant même que vous n'ayez pu réaliser ce qui vous arrive, il vous arrache le cœur, mettant ainsi un terme à votre aventure ;
de 3 à 6 : le Dévoreur de Cœurs vous porte un coup de poignard, qui vous fait perdre 3 points d'ENDURANCE ;
de 7 à 12 : vous réussissez à infliger une blessure au monstre qui perd 3 points d'ENDURANCE.

Si vous êtes vainqueur, rendez-vous au **274**.

274

A peine lui avez-vous porté un dernier et violent coup de votre épée, que le monstre s'effondre sur le sol où il se désagrège sous vos yeux horrifiés en une fine poussière grise. Du bout du pied, vous éparpillez cette poussière, mais rien ne se produit. Néanmoins, vous avez la certitude qu'elle redonnera naissance au monstre si vous vous attardez trop dans ce lieu, aussi serait-il plus sage de vous en éloigner le plus rapidement possible. Au bout du corridor, vous remarquez une sorte de miroir à l'aspect pour le moins curieux : en effet, il ne reflète absolument rien ! Intrigué, vous vous en approchez, et vous tendez prudemment la main vers sa surface. Vos doigts viennent de traverser le miroir ! Totalement abasourdi, vous retirez votre main, et vous recommencez à plusieurs reprises... Non, ce n'est pas une illusion, vos doigts disparaissent bien dans une surface qui devrait être solide ! Allez-vous prendre le risque de traverser ce miroir (rendez-vous au **281**), ou préférez-vous revenir sur vos pas, quitte à retrouver le Dévoreur de Cœurs sur votre chemin (rendez-vous au **247**) ?

275

Vous rejoignez le vieil homme qui vous attend à l'extrémité de l'allée des sphinx, non loin d'un bâtiment peu élevé — un temple, très certainement — qui se trouve sur sa gauche, et qui fait face à la petite pyramide. Il est près de midi, et le soleil, haut dans le ciel, vous écrase de sa chaleur brûlante. Vous précédant, le vieil homme se dirige vers l'énorme dune de sable qui s'élève derrière la pyramide. Allez-vous continuer à le suivre (rendez-vous au **129**), ou préférez-vous poursuivre, seul, votre chemin (rendez-vous au **168**) ?

276

Vous jetez l'urne loin de vous, et elle se brise en morceaux contre un rocher à demi enfoui dans le sable du désert. Aussitôt un épais nuage de vapeur noirâtre s'en échappe qui, en montant vers le ciel, prend la forme d'un répugnant démon d'une immense taille. A sa vue, le vieil homme pousse un hurlement, et disparaît en semblant se dissoudre dans les airs. Lentement, le démon se penche vers vous et, paralysé par la terreur, vous êtes bientôt enveloppé par le nuage mortel. Tout se brouille devant vos yeux, et vous sentez votre conscience qui vous quitte peu à peu, absorbée par le démon de l'urne qui vient de faire une nouvelle victime. Votre aventure se termine ici.

277

De combien de décharges d'énergie disposez-vous encore ?

Trois ?	Rendez-vous au **100**
Deux ?	Rendez-vous au **8**
Une ?	Rendez-vous au **231**

278

Le froid devient encore plus intense. Si intense que votre sang gèle dans vos veines, ce qui vous ôte la vie dans l'instant. Mais cette mort est peut-être plus douce que ce que vous promettait la malédiction du pharaon...

279

Au moment où vous alliez saisir une des armes, vous vous figez sur place. Il vous semble, en effet, avoir entendu un bruit ressemblant au son assourdi d'une conversation. Non, cela ne peut pas être possible en ce lieu où personne n'a certainement jamais mis le pied depuis des... et pourtant, si ! Deux personnes, au moins, se dirigent vers vous en échangeant des propos et des rires, et elles ne vont pas tarder à déboucher d'un coude que fait le corridor. Vite, il faut prendre une décision ! Allez-vous éteindre votre torche, et vous dissimuler dans l'une des alcôves (rendez-vous au **235**), ou préférez-vous aller à la rencontre des nouveaux arrivants (rendez-vous au **145**) ?

280

A peine avez-vous déposé une Pièce d'Or sur le plateau à offrandes, que vous voyez avec surprise la gueule de pierre du Sphinx s'ouvrir lentement. Alors, une voix sourde s'en échappe :
— l'offrande que tu viens de me faire te donne le droit de me poser une question. Demande-moi ce que tu désires, et je te répondrai. Sinon, tais-toi à tout jamais !
Ce ne sont pas les questions qui vous manquent ! Allez-vous lui demander :

Qui est le vieil homme qui vous accompagne ? Rendez-vous au **7**

Des détails sur la Malédiction du Pharaon ? Rendez-vous au **233**

Quel est le chemin le plus sûr pour pénétrer dans la pyramide ? Rendez-vous au **91**

S'il y a une heure favorable pour pénétrer dans la pyramide ? Rendez-vous au **6**

S'il existe des objets particuliers qui vous seraient utiles pour mener à bien votre aventure ? Rendez-vous au **92**

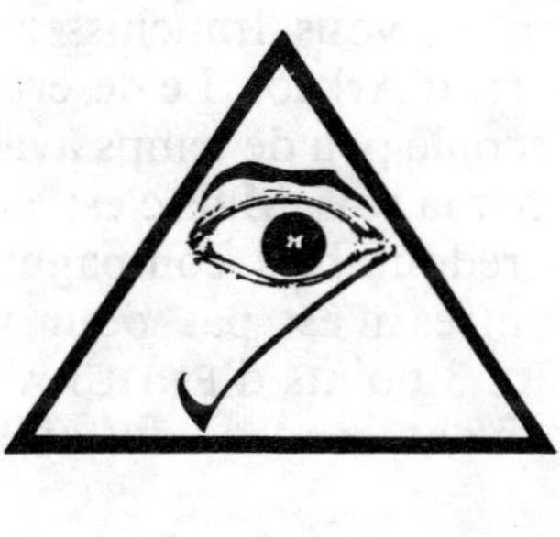

281

Rendez-vous immédiatement au **224** : vous y trouverez une case marquée ENDURANCE. A l'intérieur, vous inscrirez votre Total de Départ d'ENDURANCE.

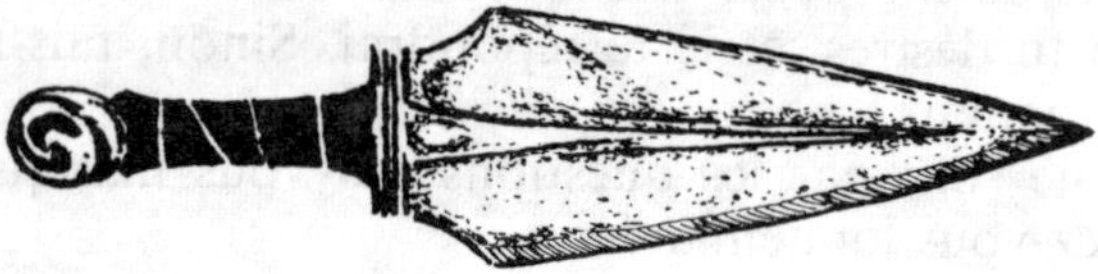

282

Vous ne revoyez votre garde que le jour suivant. Il pénètre dans la pièce où vous êtes enfermé sans prononcer un mot et, d'un geste autoritaire, il vous fait signe de vous mettre debout. A la main, il tient un lourd manteau de laine blanche, semblable à ceux que portent les nomades du désert et, après avoir lié vos mains devant vous, il vous en recouvre les épaules. Enfin il vous pousse hors de votre prison, puis hors de la maison, et vous vous retrouvez dans le dédale des ruelles de la ville, marchant devant votre geôlier qui a été rejoint par ses compagnons et leur chef, et qui a pris la précaution de mettre la pointe de son épée contre votre dos. Ainsi, votre sort sera réglé si vous tentez quoi que ce soit pour lui échapper. Bientôt, vous franchissez dans ce triste équipage la porte d'Arksor. Le désert s'étend à perte de vue, et il s'écoule peu de temps avant que vous ne soyez torturé par la soif. Mais c'est en vain que vous implorez vos redoutables compagnons : l'eau qui gonfle leurs outres n'est pas pour vous... La soif vous fait perdre 3 points d'ENDURANCE et, si vous êtes toujours vivant, rendez-vous au **99**.

283

La flamme de votre torche brûle droit, mais elle n'est pas très haute, et sa lueur en est jaunâtre. A l'évidence l'air manque d'oxygène dans ce corridor. De plus, l'odeur de moisi qui règne en ce lieu montrerait, s'il en était besoin qu'il n'est pas très fréquenté ! D'ailleurs, vous êtes peut-être le premier à y mettre les pieds depuis la fermeture de la tombe, voilà plus de mille ans... En frissonnant quelque peu, vous examinez les lieux plus attentivement : à moins que vous ne vous trompiez grossièrement, ce corridor s'enfonce sous la grande dune de sable et vous comprenez alors que cette dune recouvre le sommet de ce qui doit être une gigantesque pyramide, la pyramide de Kar-Thot le Magnifique ! Le cœur battant, vous faites quelques pas après avoir rangé l'urne dans votre sac. Les murs du corridor sont recouverts de vieilles tapisseries qui tombent en lambeaux. Vous soulevez celles qui sont les plus proches de vous, et vous n'êtes qu'à moitié étonné en découvrant des alcôves sombres et poussiéreuses, dans lesquelles s'entassent des armes mêlées aux objets les plus hétéroclites. Rendez-vous au **279**.

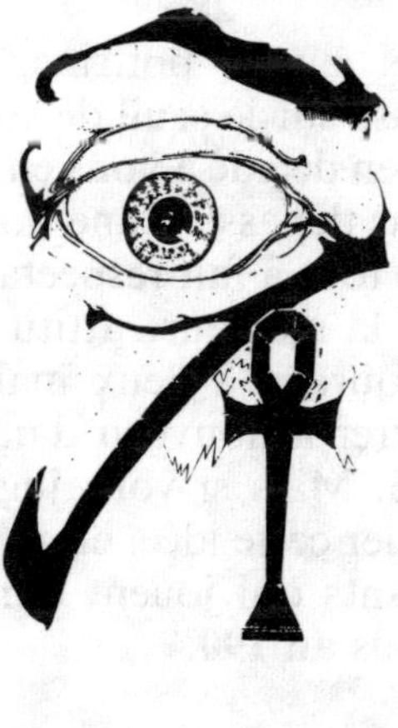

284

Les deux Panthères s'approchent de vous en feulant, les babines retroussées sur de terribles crocs. Leur allure d'une extrême souplesse, et la lueur froide qui brille dans leurs yeux ne vous trompent pas : vous avez affaire à de redoutables adversaires. Et les longues griffes acérées que vous remarquez à leurs pattes ne sont pas faites pour vous rassurer. Vous les combattez l'une après l'autre.

Première PANTHERE ENDURANCE : 9

Lancez deux dés. Si vous obtenez :
2 ou 3 : les deux Panthères bondissent sur vous en même temps. Il vous est impossible de les éviter, et vous perdez 6 points d'ENDURANCE ;
de 4 à 7 : l'une des Panthères plante ses crocs dans votre bras, et vous perdez 3 points d'ENDURANCE ;
de 8 à 12 : vous donnez un coup d'épée à la première Panthère qui perd 3 points d'ENDURANCE.

Si vous parvenez à tuer la première Panthère, rendez-vous au **11**.

285

Les bras croisés sur la poitrine, le tenancier de l'auberge se dresse sur le seuil de son établissement, apparemment bien décidé à vous en interdire l'accès. Et comme il vous dépasse d'une bonne tête, et qu'il est d'une stature tout à fait respectable, vous hésitez quelque peu sur la meilleure attitude à adopter. Si, prenant votre courage à deux mains, vous voulez essayer de pénétrer à nouveau dans l'auberge, rendez-vous au **126**. Mais si vous jugez qu'il est plus sage d'abandonner cette idée, et de vous diriger vers le groupe d'enfants qui jouent dans un coin de la place, rendez-vous au **190**.

286

La mélodie qui sort de la Flûte est douce, et évoque des scènes et des sentiments de temps lointains. Cependant, rien d'autre ne se produit. Rendez-vous au **266**.

287

Vous jetez un regard inquiet derrière vous, mais vous ne voyez pas trace du monstre qui vous avait attaqué. Néanmoins, vous vous précipitez vers le miroir, et vous passez à travers, sans la moindre hésitation. Rendez-vous au **281**.

288

Lorsque vous ouvrez les yeux, votre étonnement est grand de ne plus vous retrouver dans la niche du démon, mais dans une pièce de larges dimensions, dont les murs sont recouverts de bas-reliefs. Un autel se dresse en son centre, et les deux portes, qui en sont les seules issues, sont solidement verrouillées. Vous êtes pris au piège... Si un vieil homme vous a confié, à un moment ou à un autre de votre aventure, une urne, mais que vous ne la possédiez plus, rendez-vous au **27**. Si vous l'avez toujours avec vous, rendez-vous au **241**. Enfin, si vous n'avez jamais entendu parler d'un tel objet, rendez-vous au **292**.

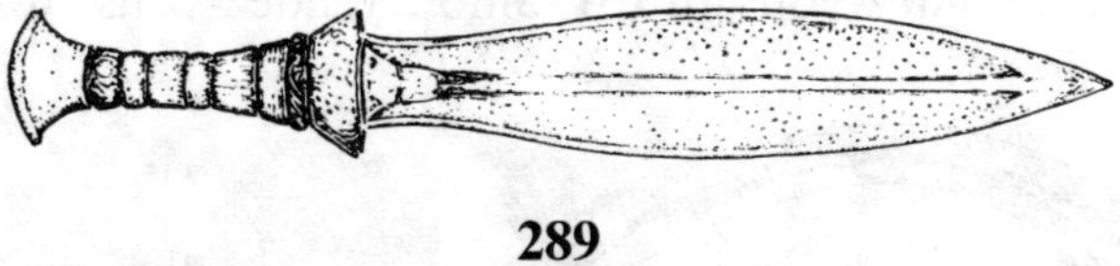

289

Lentement, le démon se penche vers vous et, bientôt, vous êtes environné d'une épaisse fumée. Tout se brouille en votre esprit : vous vous fondez en Boos, dont vous êtes la victime, cette année.

290

Vous vous ruez sur la porte, l'épaule en avant. Vous tremblez sous le choc, et une douleur aiguë traverse votre corps. Néanmoins, la porte a volé en éclats, ce qui vous permet de pénétrer, maintenant, dans une pièce étroite. Des quantités incroyables de toiles d'araignées poussiéreuses couvrent les murs, pendent du plafond, vont d'un mur à l'autre, en noircissent les encoignures, et recouvrent de nombreux sarcophages posés sur le sol, et qui sont serrés les uns contre les autres. En fait, cette pièce est un vaste corridor menant à une nouvelle porte. Après avoir rangé l'urne dans votre sac, vous écartez de la main les toiles dont la poussière vous pique le nez, et vous vous dirigez le plus vite que vous le pouvez vers cette porte lorsque, soudain, vous vous sentez retenu par quelque chose qui accroche le bas de votre tunique : une main couverte de bandelettes vient de surgir de l'un des sarcophages dont le couvercle est légèrement déplacé ; c'est elle qui vient d'attrapper votre vêtement, et qui maintenant vous agrippe par le cou. Déséquilibré, vous faites un pas de côté, et vous tombez, tête en avant, dans un amas de toiles d'un autre âge. Vous allez devoir faire preuve d'une grande habileté pour éviter les pièges qui viennent de vous être tendus. Lancez deux dés. Si le résultat obtenu est égal ou inférieur à votre total d'HABILETÉ, rendez-vous au **151**. Sinon, rendez-vous au **13**.

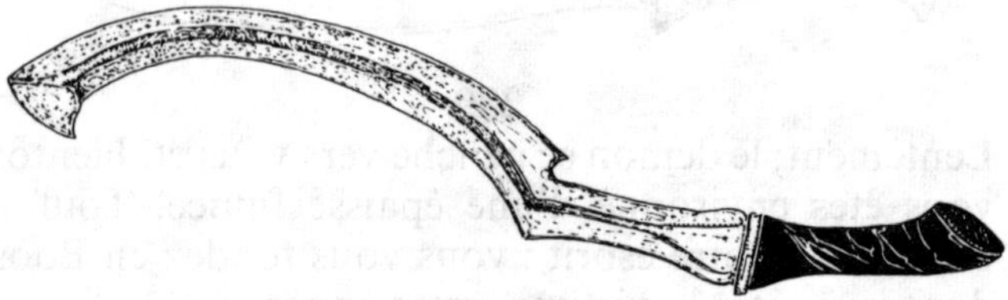

291

L'Œil est maintenant accroché sur le devant de votre manteau. Et vous pouvez constater une différence notable dans votre vision : en effet, vous voyez tout en double ! Ce qui, vous en conviendrez, ne vous est pas de la plus grande utilité... Peut-être serait-il plus judicieux de l'accrocher dans votre dos (rendez-vous au **201**), ou encore de le ranger dans votre sac en attendant le moment de l'utiliser (rendez-vous au **185**) ? Mais si vous pensez que cet Œil ne peut que vous encombrer, et qu'il vaut mieux le remettre à sa place, rendez-vous au **166**.

292

Puisqu'il vous est absolument impossible de vous échapper de ce lieu, peut-être pourriez-vous faire une sorte de sacrifice, en déposant, par exemple, l'un des objets que vous possédez sur l'autel ? Si vous avez dans votre sac une Corde Magique, une Flûte en ivoire, un Œil de cristal, ou une Clef, rendez-vous au **173**. Mais si vous n'avez rien de tout cela, rendez-vous au **255**.

293

D'un geste, vous buvez tous deux la Potion, et vous vous enfuyez à toutes jambes. Les Panthères sont rapides, mais vous vous déplacez encore plus rapidement qu'elles. Et c'est avec satisfaction que vous constatez que Gabbad est toujours présent à vos côtés. Après quelques kilomètres d'une course effrénée, vous arrivez, le souffle court, à l'extrémité d'une allée bordée de sphinx. Au bout de cette allée, vous apercevez une petite pyramide, derrière laquelle dépasse le sommet d'une énorme dune. Sans prêter attention aux statues de pierre, vous vous dirigez vers la pyramide, en face de laquelle vous ne tardez pas à apercevoir un bâtiment peu élevé. Un temple, sans aucun doute. La tombe de Kar-Thot se trouve non loin de vous, vous en avez la certitude. Perplexe, vous regardez de tous côtés, en vous demandant quelle direction prendre, lorsque vous sentez subitement une main agripper votre manche : Gabbad vous regarde, l'œil vitreux, les lèvres essayant de marmonner vous ne savez quoi. Puis, il glisse lentement à terre. La chaleur a eu raison de ses dernières forces, et le vieil homme vient de rendre l'âme. L'émotion vous étreint alors que vous lui creusez une tombe sommaire, dans le sable du désert. Mais vous savez que si vous vous apitoyez un peu trop longtemps sur lui, vous subirez le même sort. Aussi, chassant les tristes pensées qui assaillent votre esprit, vous vous dirigez vers une ouverture à demi cachée par le sable et vous pénétrez dans le temple. Rendez-vous au **35**.

294

Le vieil homme, quant à lui, ne semble aucunement souffrir de la fournaise qui vous entoure. La preuve en est qu'il continue à avancer d'un pas léger, loin devant vous ! Vous arrivez ainsi en vue d'une barrière rocheuse, dans laquelle une gorge s'enfonce profondément. Sans ralentir son allure, votre compagnon y pénètre, et c'est en trébuchant, l'urne serrée contre votre poitrine, que vous l'y suivez. Vous accélérez le pas pour le rejoindre lorsque, tout à coup, un bruit étrange vous fait sursauter. Un bruit ?... une espèce de glissement, plutôt. Tournant la tête vers la droite, vous apercevez alors deux Panthères qui s'approchent de vous, en bondissant d'un rocher à l'autre. Bien que sachant qu'il vous sera impossible de leur échapper, vous courez comme un fou. Car il semble bien que c'est vous qui les intéressez, et non le vieil homme, qui continue imperturbablement son chemin ! Inutile de vous dire de cesser de courir, n'est-ce pas ? Cependant : allez-vous continuer votre course, l'urne serrée contre vous (rendez-vous au **109**), ou préférez-vous vous débarrasser de cet encombrant objet pour être plus à l'aise (rendez-vous au **142**) ? Mais, bien entendu, vous pouvez également décider de faire face aux Panthères. Dans ce cas, posez avec précaution l'urne sur le sable, et rendez-vous au **284**.

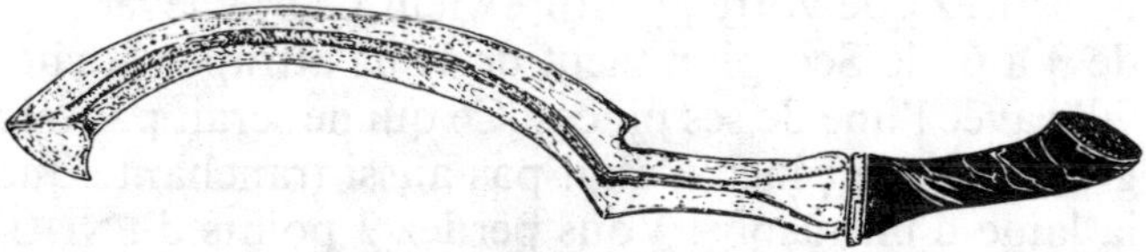

295

La lueur bleue vous enveloppe tout d'abord, avant que vous ne ressentiez l'effroyable douleur qui vous traverse le corps. Une douleur qui vous fait perdre connaissance, puis qui vous ôte la vie. C'est ainsi que se termine votre aventure.

296

Non sans mal, vous vous faufilez à travers l'étroite ouverture, et c'est à quatre pattes que vous pénétrez dans la pièce poussiéreuse. Jamais vous ne pourrez dire comment vous avez pu vous glisser entre tous les amas d'objets entassés en ce lieu... mais le coffret est maintenant sous vos yeux. Et, dans le coffret, l'Œil ! Vous tendez la main pour vous en emparer, lorsque soudain, un bruit métallique vous fait dresser les cheveux sur la tête : devant vous, l'un des Scorpions vient de prendre vie. Dans d'invraisemblables grincements, il tend ses pinces cliquetantes, alors que le dard qui termine sa queue se balance d'une façon peu rassurante au-dessus de son corps.

Il vous est impossible de Fuir le combat qui vous attend.

SCORPION
MECANIQUE ENDURANCE : 12

Jetez deux dés. Si vous faites :
2 : la queue du Scorpion se détend dans un bruit sourd, et son dard se plante dans votre bras, vous injectant un poison si redoutable que, jamais vous ne saurez que votre aventure vient de s'achever ;
de 3 à 6 : le Scorpion vient de vous attraper la cheville avec l'une de ses pinces. Ce qui ne serait pas très grave si cette pince n'était pas aussi tranchante que la lame d'un rasoir ! Vous perdez 3 points d'ENDURANCE ;
de 7 à 11 : vous faites un pas en arrière, ce qui vous laisse le temps de saisir votre épée dont vous portez un violent coup à la créature. Cependant, sa carapace est si épaisse, qu'il ne perd que 2 points d'ENDURANCE ;
12 : vous venez de porter, au hasard, un coup de votre épée au Scorpion. Et vous pouvez dire que vous avez de la chance, car vous avez atteint un centre vital de la créature, qui s'effondre sur le sol. Encore quelques soubresauts, et elle reste immobile, pour l'éternité.

Si vous êtes vainqueur, rendez-vous au **71**.

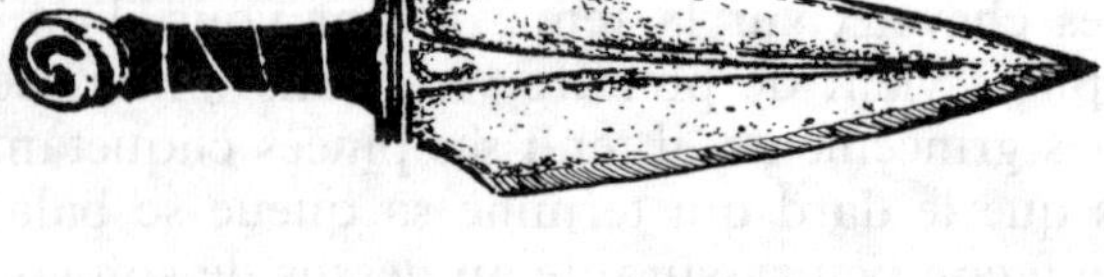

297

Le soleil est à peine levé que le vieil homme vous secoue déjà pour vous éveiller. Il est revêtu du manteau que portent les nomades du désert, et à sa ceinture pend une outre pleine d'eau. En maugréant, vous vous levez mais, sans vous laisser le temps de grogner plus longtemps, il vous tend une outre semblable à la sienne. Sachant, par expérience, que l'eau est plus précieuse que l'or dans ces régions, vous attachez l'outre à votre ceinture. Sans dire un mot, Gabbad tend la clef de sa demeure à son jeune neveu qui le regarde, les yeux pleins de larmes. Puis, franchissant la porte, il s'engage dans le dédale de ruelles de la ville. A cette heure, vous en êtes les seuls passants, si ce n'est une vieille femme vêtue de haillons qui avance dans votre direction. Regrettant quelque peu votre sommeil, vous pressez le pas pour rattraper Gabbad qui trottine devant vous. Mais, alors que vous arrivez à la hauteur de la vieille femme, elle se débarrasse d'un geste de ses vêtements crasseux et, exhibant un poignard à la lame recourbée, l'Assassin en lequel elle vient de se transformer se précipite sur vous. Vous avez juste le temps de dégainer votre épée pour combattre ce personnage redoutable. Et il vous est impossible de Fuir.

ASSASSIN ENDURANCE : 9

Lancez deux dés. Si vous obtenez :
de 2 à 5 : votre adversaire vous porte un violent coup de poignard, qui vous fait perdre 3 points d'ENDURANCE ;
de 6 à 12 : vous assénez un coup d'épée à l'Assassin qui perd 3 points d'ENDURANCE.

Si vous êtes vainqueur, rendez-vous au **139**.

298

Vous êtes épuisé car le vieil homme marche si vite devant vous que devez faire des efforts désespérés pour le rattraper. D'autant plus qu'il ne se retourne jamais pour vous attendre. Ce qui est le plus inquiétant, c'est qu'il vous semble que ses pieds ne touchent pas terre... Vous progressez ainsi pendant toute la nuit et la matinée entière, jusqu'à ce que soudain tout se mette à tourner autour de vous. Avez-vous une outre d'eau ? Si tel est le cas, rendez-vous au **2**. Sinon, rendez-vous au **202**.

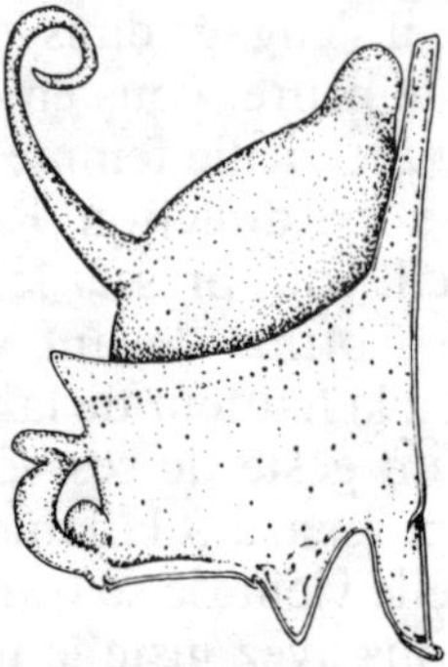

299

Vous enjambez le cadavre du Ver et, tournant à gauche, vous poursuivez votre chemin dans le corridor. Soudain vous apercevez, devant vous, la flamme de votre torche reflétée des milliers de fois sur une surface d'or. Le cœur battant, vous vous approchez : le corridor se termine en cul-de-sac sur une gigantesque porte à double battant, dont les panneaux sont entièrement recouverts de feuilles d'or pur ! Cette fois, vous êtes vraiment devant la porte de la chambre funéraire du pharaon Kar-Thot le Magnifique. Le cœur battant à tout rompre, vous poussez cette dernière porte. Rendez-vous au **242**.

298 *Vous êtes épuisé car le vieil homme marche si vite devant vous que vous devez faire des efforts désespérés pour le rattraper.*

En vous demandant grâce, votre adversaire laisse échapper son gourdin pour saisir son bras blessé de sa main valide. A ce moment, quelqu'un fait irruption dans la cour, une torche à la main. Vous pouvez mieux, maintenant, distinguer votre agresseur : il est revêtu d'un pauvre manteau noir, et a tout l'air d'être un serviteur. En revanche, l'homme qui vient d'arriver ne peut être que le maître des lieux. Il s'arrête non loin de vous, et vous dévisage d'un regard aigu. Derrière lui, se détachant dans la lumière d'une porte, se trouve un jeune homme. L'un de ceux qui jouaient sur la place, tout à l'heure. D'un ton bref le vieil homme vous somme de vous expliquer. Embarrassé, vous lui racontez tant bien que mal la raison de votre présence chez lui : vous lui dites comment vous êtes entré en possession de la Tablette de granite, et votre désir de rencontrer Gabbad, l'homme qui l'a découverte. Et sans ajouter un mot de plus, vous sortez la Tablette de votre ceinture, et vous la tendez vers lui. A sa vue, l'homme tressaille et ne peut s'empêcher de faire un pas en arrière.

— Oui, dit-il dans un murmure, je connais cette Tablette. Et jamais je n'aurais cru que je la reverrais un jour... Si c'est mon aide que vous êtes venu chercher en ces lieux, alors il va vous falloir l'acheter. Cette maudite pierre m'a suffisamment fait souffrir ainsi, et il serait juste qu'elle me vienne maintenant en aide. Donnez-moi 20 Pièces d'Or, étranger.
Si vous possédez 20 Pièces d'Or, rendez-vous au **59**.
Sinon, rendez-vous au **183**.

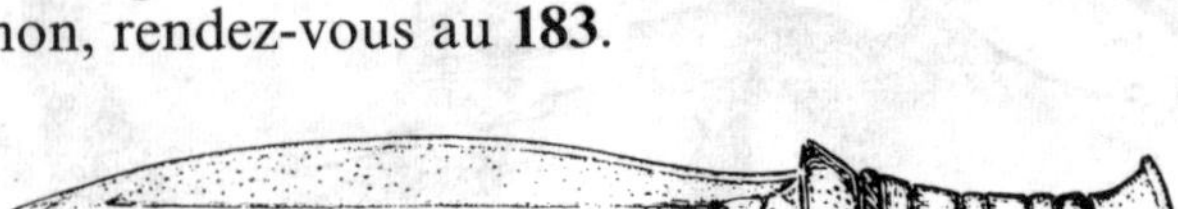

301

A peine avez-vous placé la Tablette de granite dans la cavité, que le bruit sourd d'énormes blocs de pierre glissant les uns sur les autres se fait entendre au plus profond de la pyramide. Et tout à coup, une ouverture apparaît dans le plafond de la chambre, laissant passer un rayon de soleil éblouissant qui vient frapper la momie du pharaon en plein milieu du front. Aussitôt la momie tout entière se transforme en un halo de lumière d'une blancheur éclatante qui, en formant des volutes étourdissantes, monte telle une trombe fantomatique en direction du plafond, dans l'ouverture duquel elle disparaît comme aspirée par le soleil. L'âme du pharaon est maintenant libre : par-delà les sables du désert, elle a rejoint les dieux du Khem.
Quelque peu abasourdi par ce que vous venez de voir vous baissez machinalement les yeux vers le sarcophage vide, et vous sursautez en apercevant un sceptre d'or constellé de pierres précieuses qui occupe maintenant la place de la momie. Votre sang d'aventurier ne fait qu'un tour : vous vous en emparez, et vous jetez des regards de toutes parts pour voir ce qu'il vous serait possible d'emporter du trésor de Kar-Thot. Mais il n'est plus temps pour cela car, alors que, dans un état second vous regardiez le pharaon manifester une dernière fois sa puissance, la tombe tout entière continuait à résonner, des dalles de pierre tremblant et s'écroulant sous les coups de formidables forces cosmiques. Et la chambre funéraire elle-même, à présent, tremble comme prise dans une titanesque tempête. Les murs se lézardent, alors que du plafond tombent d'énormes gravats qui écrasent les coffrets pleins à ras bords d'incalculables richesses, réduisent en poussière les meubles, commencent à disloquer le sarcophage... tout va

s'écrouler : il n'y a pas une seconde à perdre. Vite, vous grimpez sur la tête du lourd sarcophage, seule partie qui soit encore intacte et, dans un effort désespéré, vous sautez et réussissez à agripper les bords de l'ouverture par laquelle vous vous hissez, suffoquant à moitié sous la masse du sable qui s'y engouffre. Enfin, c'est au bord de l'épuisement que vous vous retrouvez à l'air libre, au sommet de l'énorme dune de sable que vous aviez remarquée, derrière la petite pyramide. Cette dune cachait donc le tombeau de Kar-Thot le Magnifique que, depuis plus d'un millénaire, tant et tant d'aventuriers avaient cherché en vain ! Mais vous n'êtes pas sauvé pour autant car, sous vos pieds, l'ensemble de la pyramide s'effondre, aspirant le sable de la dune entière. Eperdu, vous vous mettez à dévaler la dune, vous enfonçant jusqu'à mi-cheville dans le sable qui se dérobe. Perdant l'équilibre, c'est en roulant, tête par-dessus jambes, que vous finissez par en atteindre la base, et par vous arrêter, le nez devant les pieds d'un homme qui vous domine de toute sa taille. Levant les yeux, vous frémissez en reconnaissant l'un de ces terribles nomades du désert que vous aviez rencontrés à Arksor, et qui vous contemple d'un air cruel et narquois en faisant briller la lame de son poignard dans le soleil. Péniblement, vous vous mettez à quatre pattes, et vous poussez un gémissement de désespoir en constatant qu'il n'est pas seul : en effet, vous êtes entouré de toutes parts. C'est alors que vous prenez conscience que vous tenez toujours le sceptre en main. Bondissant sur vos pieds, vous le tendez haut au-dessus de votre tête vers les nomades. A la vue du symbole du pouvoir pharaonique, ils poussent un cri et, après avoir fait quelques pas en arrière, ils déposent leurs armes à leurs pieds, avant de s'incliner devant vous avec le plus grand respect. Quelques instants plus tard, vous vous dirigez à dos de chameau vers Arksor, entouré par les nomades qui, maintenant, poussent des cris de triomphe en votre honneur. Vous retournant, c'est avec une certaine nostalgie que vous constatez que la dune a disparu, derrière la petite pyramide. Le désert a repris sa place, et seul un léger nuage de sable en suspension marque encore, et pour peu de temps, la place de ce qui fut la dernière demeure du plus grand pharaon de tous les temps, Kar-Thot le Magnifique.

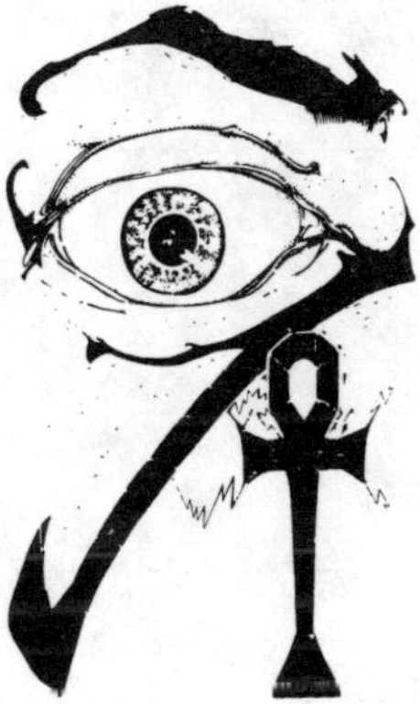

COLLECTION FOLIO JUNIOR

DÉJA PARUS

Allan, Ted
Histoire d'un souricureuil

Andersen, Hans Christian
La reine des neiges
La vierge des glaciers

Anonymes
Ali Baba et les quarante voleurs
Aventures du baron de Münchhausen
Histoire d'Aladdin ou la lampe merveilleuse
Histoire de Sindbab le marin
Le petit bossu
Le roman de Renart *Tome 1*

Asturias, Miguel Angel
L'homme qui avait tout tout tout

Aymé, Marcel
Les bottes de sept lieues
Les contes bleus du chat perché
Les contes rouges du chat perché

Bédollière, Émile de la
Histoire de la Mère Michel et de son chat

Beecher-Stowe, Harriet
La case de l'Oncle Tom

Bonheur, Gaston
Tournebelle

Borodine, Léonide
L'année du miracle et de la tristesse

Bosco, Henri
L'âne culotte
L'enfant et la rivière

Brissac, Elvire de
Grabuge et l'indomptable Amélie

Buisson, Virginie
L'Algérie ou la mort des autres

Burnett, Frances Hudges
Le petit lord Fauntleroy

Buzzati, Dino
Le chien qui a vu Dieu
La fameuse invasion de la Sicile par les ours

Campbell, Reginald
Sa majesté le tigre

Camus, William
Les oiseaux de feu et autres contes peaux-rouges

Capote, Truman
L'invité d'un jour

Carroll, Lewis
Alice au pays des merveilles
De l'autre côté du miroir et ce qu'Alice y trouva

Cendrars, Blaise
Petits contes nègres pour les enfants des Blancs

Chaillou, Michel
La vindicte du sourd

Colum, Padraïc
Le fils du roi d'Irlande

Cooper, James Fenimore
Le dernier des mohicans

Coué, Jean
L'homme de la rivière Kwaï
Kopoli le renne guide

Dahl, Roald
Charlie et la chocolaterie
Charlie et le grand ascenseur de verre
Les deux gredins
L'enfant qui parlait aux animaux
Fantastique Maître Renard
James et la grosse pêche
La potion magique de Georges Bouillon

Daudet, Alphonse
La dernière classe et autres contes du lundi
Lettres de mon moulin
Le petit chose
Tartarin de Tarascon

Déon, Michel
Thomas et l'infini

Dhôtel, André
L'enfant qui disait n'importe quoi
Le pays où l'on n'arrive jamais

Dickens Charles
La vie de N.-S. Jésus-Christ
Le grillon du foyer

Escoula, Yvonne
Six chevaux bleus

Fallet, René
Bulle, ou la voix de l'océan

Faulkner, William
L'arbre aux souhaits

Fon Eisen, Anthony
Le prince d'Omeyya

Forsyth, Frederik
Le berger

Frère, Maud
Vacances secrètes

Gamarra, Pierre
Six colonnes à la une

Garrel, Nadine
Au pays du grand condor
Les Princes de l'Exil

Gautier Théophile
Le roman de la momie

Gilbreth, Frank et Ernestine
Treize à la douzaine

Golding, William
Sa majesté des mouches

Gordon, Donald
Alerte à Mach 3

Grandville
Un renard pris au piège

Grimm
Hans-mon-hérisson
et treize autres contes
Les trois plumes
et douze autres contes

Gripari, Pierre
La sorcière de la rue Mouffetard *et autres contes de la rue Broca, t. I*
Le gentil petit diable
et autres contes de la rue Broca, t. II

Guillot, René
Sama prince des éléphants

Halévy, Dominique
L'enfant et l'étoile

Hatano Isoko et Hatano Ichirô
L'enfant d'Hiroshima

Held, Jacqueline
Le chat de Simulombula

Hemingway, Ernest
Le vieil homme et la mer

Hickok, Lorena
L'histoire d'Helen Keller

Hines, Barry
Kes

Jackson, Steve
La Citadelle du Chaos
La Galaxie Tragique

Jackson, Steve et Livingstone, Ian
Le Sorcier de la Montagne de Feu

Jacob, Max
Histoire du roi Kaboul Ier et du marmiton Gauwain *suivi de* **La couronne de Vulcain**

Jayez, Renée
Guemla des collines

Kästner, Erich
La conférence des animaux
Les gens de Schilda

Kemal, Yachar
Le roi des éléphants

Kessel, Joseph
Le lion
Le petit âne blanc
Une balle perdue

Kipling, Rudyard
Histoires comme ça
Le livre de la jungle

Kis, Danilo
Chagrins précoces

Korczak, Janusz
Le roi Mathias Ier
Tome I, Tome II

La Fontaine, Jean de
Le loup et l'agneau et autres fables

Lansing, Alfred
Les rescapés de l'endurance

Laureillard, Rémi
Fred le nain et Maho le géant
Une fée sans baguette

Le Clézio, J.M.G.
Celui qui n'avait jamais vu la mer
Lullaby

Leroy, Eugène
Jacquou le Croquant

Leuse, Claude de
La Belle et le Feijao

Livingstone, Ian
La Cité des Voleurs
La Forêt de la malédiction
L'Ile du Roi Lézard
Le Labyrinthe de la Mort

London, Jack
L'Amour de la vie
suivi de **Négore le Lâche**
L'appel de la forêt
Croc-Blanc
Le loup des mers
Le mouchoir jaune
Un petit soldat

Mac Orlan, Pierre
L'ancre de miséricorde
Les clients du Bon Chien Jaune

Malineau, Jean-Hugues
La tue-mouche

Malot, Hector
En famille, *t. I*
En famille, *t. II*
Sans famille, *t. I*
Sans famille, *t. II*

Manceron, Claude
Austerlitz
Le citoyen Bonaparte

Massepain, André
L'île aux fossiles vivants

Maurois, André
Patapoufs et Filifers

Ménard, Jean-François
L'île du Dieu maussade
Le voleur de chapeaux

Mirman, Louis
Le silex noir

Monfreid, Henri de
Abdi, enfant sauvage

Mörike, Eduard
Un voyage de Mozart à Prague

Neil, A.S.
Le nuage vert

Norton, Mary
Tous les géants sont-ils bien morts ?

Ollivier, Jean
Histoire du gaillard d'avant

Pef
La grande aventure du livre

Pelot, Pierre
Sierra brûlante

Pergaud, Louis
La guerre des boutons

Perrault, Charles
Contes de ma mère l'Oye

Peyramaure, Michel
La vallée des mammouths

Prévert Jacques
Contes pour enfants pas sages
Lettres des îles Baladar

Price, Willard
Pièges dans la jungle
Pièges sous le Pacifique

Renard, Jules
Poil de carotte

Roy, Claude
Enfantasques
La maison qui s'envole
Le chat qui parlait malgré lui

Saint-Exupéry, Antoine de
Le petit prince

Saint Luc
Évangile selon saint Luc

Sand, George
Histoire du véritable Gribouille

Scott, Walter
Ivanhoé, *t. I*
Ivanhoé, *t. II*

Ségur, Comtesse de
L'auberge de l'Ange-Gardien
François le bossu
Jean qui grogne et Jean qui rit
Le général Dourakine
Le mauvais génie
Les bons enfants
Les deux nigauds
Les malheurs de Sophie
Les nouveaux contes de fées
Les petites filles modèles
Les vacances
Mémoires d'un âne
Un bon petit diable

Sempé
Marcellin Caillou

Sempé/Goscinny
Joachim a des ennuis
Le petit Nicolas et les copains
Les récrés du petit Nicolas
Les vacances du petit Nicolas

Séverin, Jean
Le soleil d'Olympie

Solet, Bertrand
Les révoltés de Saint-Domingue

Stahl, Pierre-Jules
Les aventures de Tom Pouce

Steig, William
Dominic
L'île d'Abel

Steinbeck, John
Le poney rouge

Stevenson, Robert Louis
Le diable dans la bouteille
L'île au trésor

Stranger, Joyce
Le renard rouge et les tambours fantômes

Sue, Eugène
Kernok le pirate

Swift, Jonathan
Voyage de Gulliver à Lilliput

Thompson, Kay
Eloïse

Thurber, James
La dernière fleur

Tolstoï, Léon
Maître et serviteur

Tournier, Michel
L'aire du Muguet
Les rois mages
Sept contes
Vendredi ou la vie sauvage

Twain, Mark
La célèbre grenouille sauteuse *et autres contes*
Huckleberry Finn
Les aventures de Tom Sawyer

Vernes, Jules
Autour de la lune
Aventures de trois Russes et de trois Anglais dans l'Afrique Australe
Cinq semaines en ballon
De la terre à la lune
Le tour du monde en 80 jours
La journée d'un journaliste américain en 2889
suivi de **L'éternel Adam**
Les Indes noires
Les révoltés de la « Bounty »
Maître Zacharius *suivi de*
Un drame dans les airs
Michel Strogoff, *t. I*
Michel Strogoff, *t. II*
Une fantaisie du docteur Ox
Un hivernage dans les glaces
Voyages au centre de la terre

Viollet-le-Duc
Le siège de la Roche-Pont

Wells, H.G.
La guerre des mondes
La machine à explorer le temps

Wilde, Oscar
L'anniversaire de l'infante
suivi de **L'enfant de l'étoile**
Le prince heureux
Le géant égoïste *et autres contes*

Williams, Charles
Fantasia chez les ploucs

Wolgensinger, Jacques
L'épopée de la croisière jaune

Wou tcheng-En
Le roi des singes

Zimnik, Reiner
Les tambours

Folio Junior, c'est aussi cinq séries :
Poésie, Énigmes, Légendes, Science-Fiction et Bilingue.

Achevé d'imprimer
le 25 Mars 1986
sur les presses de
l'Imprimerie Hérissey
à Évreux (Eure)

N° d'imprimeur : 39661
Dépôt légal : Mars 1986
ISBN 2-07-033333-7

Imprimé en France

37670